O CAPITALISMO CLANDESTINO
e a financeirização dos territórios e da natureza

Philip Seufert
Roman Herre
Sofía Monsalve
Shalmali Guttal

O CAPITALISMO CLANDESTINO
e a financeirização dos territórios e da natureza

Tradução: Fian Brasil

1ª edição
Expressão Popular
São Paulo – 2023

Copyright desta edição 2023, by Editora Expressão Popular Ltda.

Traduzido de: FIAN Internacional, Transnational Institute, Focus on the Global South. Rogue Capitalism and the Financialization of Territories and Nature, sept. 2020

Tradução: *Fian Brasil*
Produção editorial: *Miguel Yoshida*
Revisão de tradução: *Aline Piva*
Preparação: *Cecília Luedemann*
Revisão: *Lia Urbini*
Projeto gráfico e diagramação: *Mariana V. de Andrade*
Capa: *Rafael Stédile*

Dados Internacionais de Catalogação-na-Publicação (CIP)

C244   O capitalismo clandestino e a financeirização dos territórios
e da natureza / tradução de FIAN Internacional,
Transnational Institute. Focus on the Global South.
--1. ed.-- São Paulo : Expressão Popular, 2023.
144 p.

Resultado de reflexão e debate coletivos dos membros
do Grupo de Trabalho sobre Terras e Territórios do Comitê
Internacional de Planejamento para a Soberania Alimentar
(CIP)
Traduzido de: Rogue capitalism and the financialization
of territories and nature
ISBN 978-65-5891-092-3

1. Capitalismo – Aspectos sociais. 2. Capitalismo
clandestino. 3. Financeirização. I. FIAN Internacional, Transnational
Institute, Focus on the Global South. II. Título.

CDU 316.42

Catalogação na Publicação: Eliane M. S. Jovanovich - CRB 9/1250

Todos os direitos reservados.
Nenhuma parte deste livro pode ser utilizada ou reproduzida sem a autorização da editora.

1a edição: abril de 2023

EDITORA EXPRESSÃO POPULAR
Alameda Nothmann, 806 Sala 06 e 08, térreo, complemento 816
CEP 01216-001 – Campos Elíseos – SP
livraria@expressaopopular.com.br
livraria@expressaopopular.com.br
www.expressaopopular.com.br
ed.expressaopopular
editoraexpressaopopular

SUMÁRIO

NOTA EDITORIAL 7

PRÓLOGO 9

APRESENTAÇÃO 13

1. O QUE É A FINANCEIRIZAÇÃO?
É O CAPITALISMO CLANDESTINO! 19
   Por que chamamos de capitalismo clandestino? 19

2. DE ONDE VEM O
CAPITALISMO CLANDESTINO? 25
   Era uma vez, quando ainda havia normas e regulamentos 25
   Financeirização para o novo milênio 29

3. COMO É O CAPITALISMO CLANDESTINO
EM NOSSOS TERRITÓRIOS? 33
   Terra e agronegócio 33
   A financeirização dos oceanos 44
   Os grandes projetos de infraestrutura
   e os corredores econômicos transnacionais 52
   A moradia e as cidades 60
   Água 69
   Precificar a natureza: a economia verde 75

4. COMO SE COMPORTA O
CAPITALISMO CLANDESTINO? 83
   Atores 83

Lugares: centros financeiros extraterritoriais,
paraísos fiscais e centros bancários paralelos 98

Políticas..................103

Discursos e imaginários..................118

Tecnologias digitais e "big data"..................120

5. RESISTÊNCIA: NOVOS DESAFIOS PARA O
MOVIMENTO PELA SOBERANIA ALIMENTAR..................127

As lutas em curso contra o capitalismo clandestino..................130

Perguntas para uma reflexão crítica..................140

NOTA EDITORIAL

O presente material é resultado de reflexão e debate coletivos dos membros do Grupo de Trabalho sobre Terras e Territórios do Comitê Internacional de Planejamento para a Soberania Alimentar (CIP), assim como de organizações amigas. Várias organizações e pessoas contribuíram para a redação destas linhas. O CIP é uma plataforma mundial autônoma e auto-organizada de organizações de produtoras e produtores de alimentos em pequena escala, povos indígenas e trabalhadores rurais para promover a soberania alimentar em âmbito mundial e regional.

As seguintes organizações contribuíram com os debates que serviram de base para o presente documento: La Via Campesina, Housing International Coalition-Housing and Land Rights Network (HIC-HLRN), Réseau des Organisations Paysannes et des Producteurs Agricoles de l'Afrique de l'Ouest (ROPPA), Australian Food Sovereignty Alliance, Friend of the Earth International, ETC Group, Society for International Development (SID), Kesatuan Nelayan Tradisional Indonesia (KNTI), Northwest Atlantic Marine Alliance, Observatori DESC, Rede Social de Justiça e Direitos Humanos, Centre for Financial Accountability.

Esta publicação foi realizada com auxílio financeiro da Comissão Europeia (CE). Seus conteúdos são de exclusiva responsabilidade dos editores, e não se deve considerar de maneira alguma que reflitam os pontos de vista da Comissão.

PRÓLOGO

Este material tem como objetivo proporcionar uma base para movimentos populares, militantes e outras organizações da sociedade civil para desenvolver ou reforçar seus conhecimentos sobre o processo chamado "financeirização" e elaborar estratégias para resistir a ele, revertê-lo ou preveni-lo. Foi elaborado por membros do grupo de trabalho do CIP sobre terra e territórios, que definiu a financeirização da terra e da natureza como um dos desafios comuns e críticos que as organizações-membros enfrentam.

Ele se baseia na experiência e nas análises das organizações-membros do grupo de trabalho sobre terra e territórios do CIP e seu objetivo é estimular a reflexão coletiva e o debate entre todas as organizações interessadas em saber como se opor ao aumento do poder, à influência e ao controle do sistema financeiro global sobre nossos territórios. Em vez de apresentar uma reflexão teórica ou uma análise pormenorizada de todos os aspectos da financeirização, o documento busca proporcionar apoio às organizações de base para que possam entender esse processo e suas implicações para as pessoas e as comunidades em todo o mundo. O documento lança luz sobre as distintas formas pelas quais o capitalismo financeiro se manifesta nos territórios das comunidades, e sobre os atores, lugares, instituições e políticas que impulsionam esses processos. Os diferentes capítulos e o próprio documento são concluídos com um conjunto de perguntas para orientar reflexões e debates adicionais. Acreditamos que entender essas novas dinâmicas e mecanismos é fundamental para as nossas lutas pela soberania alimentar e dos povos. As comunidades e as pessoas de todo o mundo se veem diretamente afetadas pela financeirização. Os impactos violentos são visíveis, mas precisamos entender as forças subjacentes para sermos efetivos em nossas lutas. Assim, esperamos que este documento possa servir como ponto de partida para uma reflexão orientada à ação que nos permita seguir desenvolvendo nossa agenda política e aperfeiçoar nossas estratégias e formas de organização com o intuito de deter e fazer retroceder a privatização e a mercantilização da natureza e da vida.

O processo de elaboração deste documento foi concluído antes de a pandemia de Covid-19 se estender por todo o mundo, no começo de 2020. A pandemia expôs as consequências devastadoras do capitalismo contemporâneo. A apropriação de recursos e a destruição dos ecossistemas criaram as condições para o aparecimento de novos patógenos. Ao mesmo tempo, a financeirização dos sistemas de saúde e outros serviços públicos reduziu a capacidade das sociedades de responderem à propagação do novo coronavírus, criando uma profunda crise sanitária. Em todo o mundo, as pessoas e as comunidades que foram expropriadas e marginalizadas nas últimas décadas se viram particularmente afetadas pela pandemia.

A Covid-19 também aprofundou a crise do capitalismo neoliberal. As medidas de confinamento que foram impostas por um grande número de governos, assim como a interrupção abrupta de muitas atividades econômicas, deram temporariamente a impressão de que o capitalismo havia sido suspenso. Os mercados financeiros desabaram no início da pandemia, o que provocou intervenções governamentais para estabilizá-los. O mundo entrou em uma recessão global, que terá repercussões graves para a população e as comunidades rurais e urbanas do planeta. Em resposta, os governos implementaram pacotes de recuperação, o que traz o temor de que as grandes empresas e as finanças mundiais voltem a ser recuperadas com dinheiro dos impostos, tal como ocorreu na crise financeira mundial de 2008/2009. De fato, passados os primeiros meses do início dessa nova crise, os mercados financeiros voltaram aos níveis anteriores à pandemia.

Embora exista um risco real de que esta nova crise consolide ainda mais o poder das grandes empresas e das finanças mundiais em detrimento das pessoas e das comunidades, a forma pela qual a pandemia revelou os defeitos profundos do sistema atual também pode ser uma oportunidade para avançar em direção a uma mudança real. Nesse sentido, este livro é também uma contribuição ao debate sobre os pontos de entrada mais estratégicos para dar forma ao mundo posterior à pandemia de Covid-19, um mundo que dê prioridade às pessoas, às comunidades e aos seus direitos.

APRESENTAÇÃO

Matheus Gringo de Assunção[1]
Sofía Monsalve[2]
Nayara Côrtes Rocha[3]

As crises são algo inerente ao modo de produção capitalista e não um acidente inesperado, elas são frutos da própria dinâmica de acumulação de capital. Elas possuem diferentes efeitos nas distintas classes que compõem a sociedade: para os trabalhadores e trabalhadoras significa diminuição de poder de compra, desempregos, miséria; para as classes dominantes, se mostram como um momento de transformação na forma de acumulação, ainda que setores delas sofram perdas outros concentram e centralizam cada vez mais capital. A crise dos anos 1970, por exemplo, colocou em xeque a chamada "era de ouro" do capitalismo e a saída encontrada pelos setores dominantes foi o neoliberalismo que liberou as amarras para uma nova fase de expansão do capital.

As reformas neoliberais levaram à reconfiguração dos fluxos de renda e investimentos, ampliando a pressão sobre a

---

[1] Mestre em economia política mundial e militante do MST, foi pesquisador do Instituto Tricontinental de Pesquisa Social na área de Questão Agrária.
[2] Estudou filosofia na Universidade Nacional da Colômbia, tem mestrado em Ciência Política e Literatura pela Universidade de Heidelberg e desde 2016 é secretária-geral da FIAN Internacional.
[3] Nutricionista pela Universidade Federal de Goiás (UFG) e mestre em Saúde Pública pela Universidade de São Paulo (USP), é secretária-geral da FIAN Brasil.

classe trabalhadora. Isso possibilitou reerguer a lucratividade do capital, que vinha em tendência de declínio. As desregulamentações e liberalizações ampliaram os mercados mundiais e aprofundaram a apropriação privada dos bens da natureza e dos territórios, em especial no Sul global.

Este livro nos apresenta os mecanismos que levaram à financeirização e às diversas formas de especulação financeira abertas com esses processos de desregulamentação, sobretudo depois da crise de 2008, como os novos marcos regulatórios que revogaram a separação entre bancos comerciais e de investimentos e a remodelagem do sistema financeiro que possibilitou a emergência de novos centros financeiros globais.

A pesquisa realizada neste livro contribui para aprofundarmos nossas análises em relação aos agentes financeiros que emergiram nessa nova arquitetura da acumulação de capital na contemporaneidade, como empresas de investimento, fundos de alto risco, fundos de pensões, companhias de seguros e diversos tipos de gestoras de capital de risco.

Se o processo de financeirização possibilita a abertura de novos mercados especulativos e a emergência de novos agentes, também cria as condições para a mercantilização de novos espaços. Dito de outra forma, constitui novos ativos que possam ser negociados nos mercados financeiros globais: a natureza, a terra, oceanos, a água doce, as cidades e outros elementos de uso comum são transformados em oportunidades de valorização para os capitais especulativos.

É nesse bojo que o livro nos brinda com a proposta do termo "capitalismo clandestino" para descrever o sistema financeiro global. Dado o monopólio dos territórios e da vida pelo sistema financeiro, a categoria proposta busca apreender os efeitos sobre os territórios e as comunidades atingidas pelos processos de financeirização, agravado ainda pelo fato de que os diversos atores envolvidos procuram ocultar suas operações, assim como sua ligação com elas e a responsabilidade por seus impactos.

A partir dessa perspectiva a publicação nos apresenta as manifestações concretas da movimentação do capital em seu afã por se apropriar dos territórios em busca da valorização financeira, e neste aspecto a exposição nos apresenta a transformação da terra em ativos financeiros. Com o avanço do agronegócio e a crise financeira mundial de 2008, intensificou-se a apropriação dos mercados de terras e *commodities* agropecuárias, servindo como espaço de valorização especulativa, bem como os movimentos de concentração e centralização do capital que abarcam empresas do *agro*, fundos de investimentos e corporações transnacionais, entre outras.

Outro elemento retratado são os fundos públicos, em geral configurados como articulação com fundos privados, para o desenvolvimento; eles buscam investir diretamente na produção agropecuária ou indiretamente, por meio de aportes em infraestrutura. O caso do avanço do agronegócio na Zâmbia, aqui narrado, ilustra bem esse processo. A partir de fundos oriundos da Europa e dos Estados Unidos, esses capitais especulativos buscam o controle de toda a cadeia de valor, da produção ao consumo, além do controle direto sobre as terras agrícolas.

Os tentáculos da financeirização também se estendem sobre a infraestrutura do comércio internacional (rodovias, portos, aeroportos, energia, infraestrutura digital) e os corredores transnacionais de desenvolvimento. E, em algumas regiões, emaranham-se intensamente com a produção imobiliária urbana.

Reiteradas nos debates atuais sobre as mudanças climáticas, as supostas soluções capitalistas para combater a crise ambiental também perpassam pelo apetite do capital financeiro em extrair valor a partir da apropriação dos bens da natureza. Nesse sentido, destaca-se um conjunto de investimentos com selos "verdes" em diversas partes do mundo, como o controle sobre áreas de preservação, seja das florestas, seja dos oceanos; a exploração oceânica para a obtenção de minerais vinculados à produção de energias renováveis; formas de privatização da água doce, sob o controle de capitais financeiros especulativos; e por fim, os mercados de compensação, como as negociações em relação ao mercado de carbono, que se configuram na criação de um novo espaço de valorização financeira, atribuindo valor monetário ao papel dos ecossistemas na regulação climática do planeta.

Cabe ressaltar que a expansão do capitalismo clandestino nos territórios implica processos de violência contra as comunidades locais afetadas pela especulação financeira, bem como diversas formas de repressão das organizações populares que resistem nesses territórios. Estas podem ser mais diretas, como a atuação das forças repressivas do Estado, de grupos milicianos ou paramilitares, ou pela atuação das próprias empresas transnacionais. A violência opera, ainda, pelo desmonte das regulamentações que garantiam, de alguma forma, o direito de acesso das comunidades locais aos territórios. Grande parte dos territórios, destacam os autores, não são caracterizados como propriedades privadas em sentido formal, mas configuram outras formas de relação. Nesse aspecto, o impulso do capitalismo clandestino busca a expansão massiva da propriedade privada formal. Movimento que pode ser percebido, por exemplo, na busca de imposição de títulos de domínio nos assentamentos de reforma agrária no governo Jair Bolsonaro, o que vem sendo denunciado pelas organizações populares do campo como a privatização dessa política.

Por fim, é importante destacar que o avanço do capitalismo clandestino não ocorre sem resistências. A diversidade das lutas populares imprime as características das forças sociais em movimento. Destacam-se aquelas vinculadas à garantia do direito de acesso à terra e ao território, como são as lutas pela reforma agrária e pelo reconhecimento dos direitos humanos das comunidades indígenas e tradicionais sobre seus territórios.

Nas lutas está o componente da necessidade de construir uma nova forma de relação com a natureza, e para isso a mudança no modelo de produção é essencial. Passa pela construção da agroecologia, que objetiva a construção de sistemas produtivos que garantam a soberania alimentar dos povos, e pela transformação das estruturas de poder na sociedade, trazendo para o controle popular os bens da natureza, como a terra, água, a biodiversidade e as sementes.

As lutas de resistência ao capitalismo clandestino são amplas e abarcam diferentes partes do globo, bem como distintas organizações populares e da sociedade civil, que enfrentam a expansão do capital financeiro nos diversos espaços em que este se expande, seja nos processos de expropriação de terras, projetos de mineração ou destruição do meio ambiente, seja nas muitas práticas de exploração dos trabalhadores e trabalhadoras.

O livro nos apresenta elementos fundamentais para a interpretação do capitalismo contemporâneo, com o objetivo de não apenas compreender as formas em que o capital financeiro se expande sobre os territórios e comunidades, mas também de contribuir para que as organizações populares possam pensar estratégias para resistir ao avanço da especulação financeira. Desse retrato e dessa reflexão desponta a urgência de construir novas alianças com diferentes setores da classe trabalhadora. E de reestruturar a lógica econômica, tendo como pilares a soberania financeira e fiscal e a soberania tecnológica.

O capitalismo clandestino e a financeirização dos territórios e da natureza é um estudo relevante e necessário para compreender a configuração contemporânea em que a reprodução capitalista busca ampliar sua acumulação de riqueza com base na expropriação e na exploração.

1. O QUE É A FINANCEIRIZAÇÃO? É O CAPITALISMO CLANDESTINO!

Comunidades rurais e urbanas por todo o mundo enfrentam um aumento dramático da expropriação e destruição de suas terras, rios, pastagens, florestas, oceanos e casas; em outras palavras, enfrentamos a perda de acesso e controle efetivo sobre nossos territórios, que são a base de nossas comunidades e de nosso tecido social.

A que se deve esse aumento espetacular? Deve-se ao capitalismo financeiro. Neste capítulo, propomos um novo termo para descrever o poder do sistema financeiro global: o capitalismo clandestino.

Por que chamamos de capitalismo clandestino?

Segundo a Wikipédia, o capitalismo financeiro

> é a subordinação dos processos de produção à acumulação de lucros monetários em um sistema financeiro. [...] Desde o fim do século XX, num processo às vezes chamado de financeirização, transformou-se na força predominante na economia mundial, numa expressão neoliberal ou de outro tipo.[1]

Outras definições descrevem a financeirização como a

---

[1] Capitalismo Financeiro. *In*: Wikipédia. Disponível em: https://en.wikipedia.org/wiki/Finance_capitalism Acesso em: 22/02/2023.

importância crescente dos mercados financeiros, dos incentivos financeiros, das instituições financeiras e das elites financeiras no funcionamento da economia e suas instituições regulatórias, tanto no plano nacional como no internacional.[2]

A financeirização muda fundamentalmente a forma como o valor financeiro é criado e a origem da geração de lucros. Os mercados financeiros dominam cada vez mais a economia "real", ou seja, a economia produtiva (por exemplo, os setores da indústria, da agricultura e dos serviços), e os lucros são gerados na esfera "virtual" das operações financeiras. Assim, a financeirização é uma forma diferente de organizar a extração capitalista de riqueza. O poder do sistema financeiro global também se evidencia na forma como as questões econômicas são entendidas e debatidas.[3] Isso significa, por exemplo, que os alimentos e a terra são concebidos cada vez mais como ativos financeiros, e não como bens comuns e direitos humanos.

Embora o termo "financeirização" seja útil para descrever a evolução do capitalismo contemporâneo, ele é muito abstrato, remoto e complexo. Contudo, os efeitos da financeirização são muito concretos e violentos em nossas vidas. De fato, apesar de os lucros serem obtidos cada vez mais por meio de transações nos mercados financeiros, isso requer o controle dos recursos naturais e de outros recursos materiais.

Uma característica chave da financeirização é que ela se desenvolve em grande medida de forma oculta, ou até, em alguns casos, sigilosa. A criação de redes clandestinas de in-

---

[2] Epstein, Gerald A. *Introduction:* financialization and the world economy. 2005. Disponível em: www.peri.umass.edu/fileadmin/pdf/programs/globalization/financialization/chapter1.pdf

[3] Greenberg, Stephen. Corporate power in the agro-food system and the consumer food environment in South Africa. *In: Journal of Peasant Studies*, v. 44, 2017, Issue 2, p. 567-496. Disponível em: www.tandfonline.com/doi/abs/10.1080/03066150.2016.1259223

vestimento, "sistemas bancários paralelos" (*shadow banking*) e paraísos fiscais extraterritoriais destinados a evitar os impostos, o escrutínio público e a regulamentação são estratégias deliberadas do sistema financeiro global para esconder suas operações e impedir toda forma de prestação de contas pelos delitos e pela injustiça estrutural pelos quais este sistema é responsável.

Embora os defensores da financeirização digam repetidamente que os mercados (financeiros) livres andam de mãos dadas com as sociedades livres, a realidade mostra que esse processo desencadeia um aumento da repressão e do autoritarismo. Diferentes formas ou manifestações prévias do capitalismo utilizaram algumas dessas estratégias ou outras similares e provocaram destruição e abusos em nossos territórios. Apesar disso, consideramos que as dinâmicas atuais exacerbaram essas características de uma nova maneira. A financeirização é uma forma nova e distinta de organizar a extração capitalista da riqueza.

Devido à ilegitimidade do monopólio de nossos territórios e vidas pelo sistema financeiro global, aos efeitos destrutivos que ele tem em nossas comunidades e ao fato de que os atores envolvidos buscam ativamente ocultar suas operações, propomos falar em capitalismo clandestino.

LEMBRE-SE

O QUE É A FINANCEIRIZAÇÃO?

A financeirização pode ser entendida, de maneira geral, como o poder e a influência crescentes do sistema financeiro global. Seu objetivo principal é gerar lucros financeiros por meio da extração de riqueza e da transferência de fluxos de receitas substantivas dos setores reais ou produtivos da economia para o setor financeiro.

Os principais beneficiários da financeirização são a elite de 1% das pessoas mais ricas do mundo.

A FINANCEIRIZAÇÃO IMPLICA UM DOMÍNIO CRESCENTE DE:[1]

Instituições financeiras
as instituições e atores financeiros, como os fundos de investimento, os fundos de alto risco, os planos de pensão, os bancos de desenvolvimento, as companhias de seguros etc. desempenham uma função crescente na economia e alimentam a expropriação de pessoas e comunidades por meio de suas operações.

Motivações financeiras
Em vez de seguir a lógica de mercado da oferta e da demanda, os atores financeiros buscam rendimentos rápidos, ou seja, buscam "obter mais dinheiro a partir do dinheiro". Essa lógica de extração de riqueza é intrinsecamente expansionista, especulativa e destrutiva.

Elites financeiras
O crescimento do sistema financeiro global em termos de tamanho e poder está inseparavelmente conectado ao aumento estrutural das desigualdades de renda e riqueza. Um grupo cada vez menor da população mundial controla uma parte cada vez maior da renda e da riqueza.

Discursos financeiros
O valor para o acionista, a evolução dos preços, o rendimento dos investimentos, as economias de escala, o "risco" e outros parâmetros financeiros dominam os debates sobre políticas, inclusive aqueles relacionados à alimentação, à terra, à moradia, aos serviços públicos e à proteção do meio ambiente.

Mercados financeiros
Os mercados financeiros, como as bolsas de valores, decidem sobre a economia, as políticas dos governos e as vidas das pessoas. Novos instrumentos financeiros, como os derivativos e títulos de securitização de ativos, permitem às empresas financeiras especular com todos os tipos de recursos.

Praças financeiras
Os centros financeiros, como Wall Street e a City de Londres, exercem controle sobre a economia e as vidas das pessoas. As empresas financeiras administram suas operações por meio de paraísos fiscais e centros financeiros extraterritoriais para fugir da regulamentação e do fisco.

---

[1] Pode ser que alguns dos conceitos e termos utilizados não estejam claros para todos os leitores, mas serão explicados mais adiante.

> **LEMBRE-SE**
>
> ## DO BANCO AOS MERCADOS FINANCEIROS
>
> Quando se trata de finanças, muitas pessoas pensam nos bancos em primeiro lugar, mas o papel destes é, ao mesmo tempo, diferente e mais extenso do que costumamos imaginar. O entendimento comum sobre os bancos comerciais é que eles atuam como intermediários financeiros: captam poupanças, emitem depósitos e canalizam esses fundos para empréstimos. Os bancos são atores importantes do capitalismo clandestino (veja no capítulo 4 o item Atores), mas é importante sublinhar as diferenças entre o banco clássico e a financeirização. Na verdade, uma característica desta última é o fato de que a intermediação financeira passou dos bancos para os mercados financeiros. A forma pela qual os bancos administram as hipotecas ilustra a mudança fundamental na forma como o sistema financeiro opera. Até os anos 1980, os bancos comerciais ofereciam empréstimos hipotecários e os mantinham em seus balanços gerais durante o período do empréstimo. Os empréstimos eram concedidos para cobrir os déficits de financiamento e eram reembolsados com o objetivo de serem pagos integralmente e de forma permanente. Atualmente, os bancos criam hipotecas, mas logo as vendem para fundos de securitização que transformam essas hipotecas em "títulos" e os vendem a investidores financeiros. O objetivo principal não é mais pagar os empréstimos, mas transformar a dívida em um instrumento financeiro (um "título") que pode ser negociado nos mercados financeiros. Hoje em dia, os bancos comerciais são meros "fiadores" de hipotecas (que são vendidas e securitizadas rapidamente), enquanto as famílias que contraíram a hipoteca são agora "emissoras de títulos" de fato nos mercados financeiros (globais).[1]
>
> ---
>
> [1] Servaas Storm. 'Financial Markets Have Taken Over the Economy. To Prevent Another Crisis, They Must be Brought to Heel.' Institute for New Economic Thinking, 13 de fevereiro de 2018. Disponível em: http://bit.ly/2IQUqyc

2. DE ONDE VEM O CAPITALISMO CLANDESTINO?

O domínio crescente do sistema financeiro global sobre nossas vidas não vem do nada, mas é resultado das políticas formuladas durante as últimas décadas. Neste capítulo explicaremos como a desregulação dos mercados financeiros antes e depois da crise financeira mundial de 2007-2008 abriu caminho para outorgar ao capital financeiro global o poder do qual dispõe atualmente. Também descreveremos a forma pela qual os agentes financeiros e os mercados financeiros operam hoje em dia.

Era uma vez, quando ainda havia normas e regulamentos...

A desregulamentação das finanças e a redução dos controles sobre os movimentos internacionais de capital estão estreitamente relacionadas ao fim do chamado sistema monetário de Bretton Woods, na década de 1970.[4] Esse sistema foi criado

---

[4] O sistema de gestão monetária de Bretton Woods estabeleceu as regras para as relações comerciais e financeiras entre EUA, Canadá, os países da Europa Ocidental, Austrália e Japão por meio do Acordo de Bretton Woods, de 1944. As características principais desse sistema eram a obrigação de que cada país adotasse uma política monetária que mantivesse seus tipos de câmbio externos abaixo de 1%, vinculando sua divisa ao ouro, e a capacidade do Fundo Monetário Internacional (FMI) para corrigir os desequilíbrios temporários de pagamentos.

depois da quebra da bolsa de valores de Nova York, em 1929, seguida da crise bancária e da Grande Depressão. Entre outras coisas, esse sistema impedia os bancos de realizarem investimentos especulativos com fundos estatais ou privados (ou seja, com as economias das pessoas); só podiam fazê-lo com seu próprio dinheiro. Isso criou um período de relativa estabilidade financeira, que durou até a década de 1970. Então, os Estados Unidos começaram a adotar várias medidas que desmantelaram esse sistema. Em 1971, os EUA acabaram com o padrão ouro – a convertibilidade internacional do dólar estadunidense em ouro (ou seja, um recurso material e limitado) –, uma decisão seguida por vários países europeus. Depois, foram promulgadas várias leis novas que revogaram a separação dos bancos comerciais e de investimento e abriram caminho para novas formas de especulação financeira. O fim da convertibilidade fixa do dólar estadunidense em ouro também provocou a emergência de novos centros financeiros e a remodelação de toda a arquitetura financeira. Essa desregulamentação dos mercados financeiros foi uma resposta à crise de acumulação de capital, ou seja, às dificuldades dos atores empresariais de gerarem excedentes ou lucros cada vez maiores a partir de seus investimentos. No sistema capitalista, os lucros são criados por meio da exploração da natureza e dos seres humanos (a classe trabalhadora), mas a crescente mecanização nos países industrializados representou um duplo desafio: em primeiro lugar, graças à crescente substituição da mão de obra humana por máquinas, havia menos geração de excedentes mediante a exploração dos trabalhadores; e, em segundo lugar, as empresas necessitavam mobilizar cada vez mais dinheiro para poder adquirir as máquinas que lhes permitiriam continuar sendo competitivas. Para responder a esta crise, foi necessário permitir a criação de mais capital financeiro e de novas possibilidades para que aqueles que possuíam esse capital pudessem "investi-lo".

Uma forma de criar novos capitais de investimento foi a privatização das pensões nos Estados Unidos e na Europa. Isso gerou uma grande e nova reserva de capital de investimento que deveria ser investida em algum lugar (veja o quadro na p. 23). Ao mesmo tempo, os mercados financeiros sofreram uma série de modificações que permitiram que o capital global penetrasse em todos os aspectos da economia e da vida das pessoas. No quadro a seguir, descrevemos alguns dos novos meios que permitiram aos agentes financeiros gerar cada vez mais lucros.

> **LEMBRE-SE**
>
> ## A PRIVATIZAÇÃO DAS PENSÕES
>
> ### Criando um novo capital de investimento
>
> A privatização dos sistemas de pensão – encabeçada por Margareth Thatcher, no Reino Unido, Ronald Reagan, nos EUA, e Augusto Pinochet, no Chile – criou uma reserva de capital de investimento em constante crescimento que hoje chega a US$ 41 trilhões. A narrativa comumente aceita na atualidade é a de que os Estados já não podem manter o sistema público de aposentadorias e que, portanto, estas devem ser complementadas ou substituídas pela poupança privada. Isso fez com que o setor público fosse insuficientemente financiado e que os mercados de capital, com um excesso de financiamento, alimentassem a especulação financeira improdutiva.[1] Em meados dos anos 1990, o Banco Mundial começou a promover a privatização das pensões também nos países em desenvolvimento.[2]
>
> [1] Naczyk, Marek and Palier, Bruno. Feed the Beast: Finance Capitalism and the Spread of Pension Privatisation in Europe. 2014. Disponível em: http://dx.doi.org/10.2139/ssrn.2551521
> [2] Banco Mundial. Averting the old age crisis: policies to protect the old and promote growth. 1994. Disponível em: https://documents.worldbank.org/en/publication/documents-reports/documentdetail/973571468174557899/averting-the-old-age-crisis-policies-to-protect-the-old-and-promote-growth

COMO AS FINANÇAS GLOBAIS OBTÊM LUCROS DOS TERRITÓRIOS?

Os mercados financeiros atravessaram uma série de modificações que permitem ao capital mundial penetrar em todos os aspectos da economia e da vida das pessoas. A seguir, descreveremos alguns dos novos meios que permitiram aos atores financeiros gerar cada vez mais lucros.

Novos atores

A desregulamentação e as novas possibilidades de gerar lucros levaram à emergência de uma série de atores financeiros (empresas de investimento e bancos, fundos de alto risco, gestores de ativos, companhias de corretagem, seguradoras, fundos de pensões, fundos de capital de risco etc.) e a entrada de novos atores em atividades financeiras (incluindo operações empresariais que antes não participavam dos mercados financeiros) e em setores que antes não eram atraentes para eles. É importante destacar que esses atores costumam atuar mediante centros financeiros extraterritoriais para evadir a regulamentação e o fisco (ver capítulos 3 e 4).

Novos instrumentos

Dado que muitos desses novos ativos não são comercializáveis como produtos normais (como, por exemplo, as matérias-primas), era necessário inventar novos instrumentos financeiros que permitissem e facilitassem sua especulação. Foram desenvolvidos instrumentos[1] tais como contratos de futuros, fundos de índice, derivativos e outros para gerar mais dinheiro a partir do dinheiro.

Novas classes de ativos

Para fornecer mais alvos para o capital financeiro, é necessário criar novas classes de ativos. Em consequência, a terra, a água, os oceanos, as florestas, as cidades, a biodiversidade, os ciclos naturais e outros bens (comuns) foram transformados em recursos "passíveis de investimento" e "oportunidades de investimento" para os capitalistas.

Novos mercados

Uma vez que as novas classes de ativos foram transformadas em ferramentas comercializáveis, era necessário criar mercados nos quais os capitalistas pudessem comercializar e especular com elas para obter lucro. A financeirização foi acompanhada de novos mercados, como os mercados secundários, os mercados[2] de futuros e os mercados de derivativos. Uma característica fundamental do capitalismo clandestino é que muitos desses mercados são, em grande medida, desregulados e as transações não costumam ser transparentes.

---

[1] Um contrato de futuros é um acordo legal para comprar ou vender um produto básico ou um ativo específico a um preço pré-determinado em uma data específica no futuro. Os fundos índice são produtos financeiros que seguem as mudanças nos preços de um pacote de diferentes ativos ou valores, e permitem aos investidores participarem dos mercados financeiros sem ter que comprar os ativos ou valores reais nos mercados. Os derivativos são títulos financeiros com um valor que depende ou deriva de um ativo ou grupo de ativos subjacente. O derivativo em si é um contrato entre duas ou mais partes, e seu preço é determinado pelas flutuações no ativo subjacente. Entre os ativos subjacentes mais comuns estão as ações, os bônus, as *commodities*, as divisas, os tipos de juros e os índices de mercado.

[2] Quando uma empresa vende ações publicamente e títulos novos pela primeira vez, faz isso no mercado primário de capitais. O mercado secundário é onde são comercializados os títulos depois que uma empresa vendeu sua oferta no mercado primário. Também é conhecido como mercado de valores. Os mercados de futuros ou bolsas de futuros são aquelas nas quais os contratos de futuros são comprados e vendidos para serem entregues em uma data acordada no futuro, com um preço fixo no momento do acordo.

Financeirização para o novo milênio

A crise financeira de 2007-2008, que provocou uma ampla crise econômica mundial, foi o resultado da financeirização e contribuiu com seu agravamento. De fato, o que desencadeou a crise foi a especulação nos mercados imobiliários e de moradia, em especial nos EUA e na Europa. Num contexto de aumento dos preços imobiliários, os bancos concederam empréstimos hipotecários a clientes insolventes (*subprime* ou de alto risco), e depois os venderam como títulos nos mercados financeiros, o que transferiu o risco a diferentes atores que participaram dessa especulação. Quando a bolha estourou e os preços do setor imobiliário caíram, vários bancos e outros atores financeiros se viram ameaçados pela quebra. Contudo, ao contrário do que se poderia pensar, isso não levou os Estados a enfrentarem os problemas subjacentes, mas aumentou o poder do capital financeiro. Em primeiro lugar, vários Estados resgataram os bancos e outros atores, assim como seus acionistas, para deter o contágio nos mercados financeiros. Em segundo lugar, a queda dos preços no setor imobiliário (e de outros "ativos", como os produtos agrícolas básicos) como consequência da crise levou os atores financeiros a buscarem novos âmbitos de investimento e especulação, como as terras agrícolas (ver capítulo 3).

Como resultado, a ideologia econômica que gerou a crise continua intacta e não é questionada. O sistema financeiro global protagonizou um grande retorno: os lucros, dividendos, salários e vantagens no mundo financeiro se recuperaram até os níveis que tinham no passado. Os mercados de valores alcançaram novos recordes e as apostas de risco nos mercados financeiros aumentaram novamente. Ao mesmo tempo, a nova regulamentação das finanças estagnou em intermináveis negociações políticas. Nesse processo, o sistema financeiro global voltou mais concentrado e ainda mais integrado à produção e acumulação capitalista. Como mostraremos no capítulo seguinte, isso foi acompanhado de um aumento da exploração e da desapropriação das comunidades e das pessoas.

PARA SABER MAIS

TRANSNATIONAL INSTITUTE (TNI). *State of Power. How Capital Rules the World*. 2019. Disponível em: http://longreads.tni.org/state-of-power-2019
TOUSSAINT, Éric. *Bankocracy*. Amsterdam: Resistance Books, 2015.
SHERMAN, Matthew. *A Short History of Financial Deregulation in the United States*. Center for Economic and Policy Research (CEPR). 2009. Disponível em: http://cepr.net/documents/publications/dereg-timeline-2009-07.pdf
SASSEN, Saskia. *Expulsiones. Brutalidad y complejidad en la economía global*. Buenos Aires: Katz Editores, 2015. Disponível em espanhol em: https://redalyc.org/journal/509/50947321012/html/.

MENSAGENS-CHAVE

• A financeirização tem suas raízes nas decisões políticas neoliberais sobre a desregulação dos sistemas monetários, os bancos e suas operações, os mercados financeiros e o comércio.
• Em vez de fazer com que os Estados enfrentassem os problemas subjacentes e voltassem a regulamentar as finanças, a crise financeira de 2007-2008 acarretou um aumento adicional do poder do sistema financeiro global.
• Os atores financeiros penetraram em todos os setores da economia e a lógica do mercado financeiro foi introduzida em âmbitos e domínios nos quais antes estava ausente.

PERGUNTAS PARA O DEBATE

- Que instituições e atores financeiros você conhece em seu país ou região? Que atores financeiros internacionais você conhece?
- Quão poderosos você acredita que os bancos e o setor financeiro são em seu país? Conhece exemplos de como eles influenciam a vida das pessoas e a economia?

3. COMO É O CAPITALISMO CLANDESTINO EM NOSSOS TERRITÓRIOS?

O capitalismo clandestino se manifesta de várias formas nos territórios das pessoas e das comunidades. Neste capítulo, apresentaremos diferentes formas pelas quais a financeirização global está penetrando em nossos territórios. Demonstraremos, ainda, como isso implica uma maior privatização e mercantilização de nossos bens comuns e naturais.

Terra e agronegócio

O envolvimento de grandes quantidades de dinheiro na agricultura não é algo novo. De fato, os grandes latifundiários e as corporações têm sido os principais atores por trás da expansão do agronegócio e das monoculturas, e os que mais se beneficiaram dela. A necessidade constante de maquinário e insumos caros (como, por exemplo, fertilizantes, agrotóxicos, sementes comerciais e transgênicas), assim como a febre por uma produção sempre crescente de matérias-primas agrícolas, obrigou as empresas de agronegócio a tomarem empréstimos e créditos de bancos e outros investidores financeiros. Consequentemente, a influência e o poder desses atores sobre a produção agrícola industrial aumentaram durante as últimas décadas. Contudo, mais recentemente, a intensidade, escala, velocidade e profundidade do envolvimento do capitalismo financeiro no agronegócio mudaram substancialmente. Além disso, o sistema financeiro global considera cada vez mais a terra como uma "classe de ativo" e um negócio.

Os exemplos a seguir mostram como tudo isso intensificou ainda mais as dinâmicas de desapropriação dos territórios das populações e comunidades rurais.

O agronegócio e os atores financeiros tomam controle de metade do Paraguai

O mapa a seguir mostra como metade do Paraguai foi completamente transformado em apenas dez anos. Nos últimos anos, muitas das empresas que entraram no chamado Gran Chaco paraguaio (a parte ocidental do país) para expandir a agricultura industrial são atores financeiros ou foram financiadas por estes.

Por exemplo, a empresa Payco S.A., com sede em Luxemburgo, possui 144 mil hectares de terras no Paraguai. Os acionistas da Payco são a EuroAmerican Finance S.A. (85%) e a DEG, um ramo financeiro da Agência Alemã de Cooperação para o Desenvolvimento (15%).

MAPA 1 - DESMATAMENTO E EXPANSÃO DA AGRICULTURA INDUSTRIAL EM GRANDE ESCALA NO GRAN CHACO PARAGUAIO, 2006-2016

Fonte: www.globalforestwatch.org/map

> **LEMBRE-SE**
>
> **O CAPITAL INTERNACIONAL IMPULSIONA O DESMATAMENTO NA AMAZÔNIA**
>
> Em julho e agosto de 2019, a contínua destruição da Floresta Amazônica tomou a forma de violentos incêndios, sem precedentes, que destruíram vastas partes desse ecossistema crucial. A expansão da agroindústria é um dos principais motores do desmatamento na Amazônia e em outros lugares. Os incêndios de 2019 são uma consequência direta do desmatamento.[1] Há evidências de que diversos desses pontos de incêndio foram provocados de forma planejada e

---

[1] Enquanto o mundo olha para a Amazônia, Cerrado e Pantanal também queimam. *Revista Exame*, 14 de setembro de 2019. Disponível em: https://exame.abril.com.br/brasil/fogo-atinge-dimensoes--devastadoras-no-pantanal-diz-governo-do-ms Último acesso em: 22/02/2023.

coordenada por grileiros e grandes proprietários de terras às margens da BR 163, em 10 de agosto de 2019.[2] A estrada foi construída principalmente para permitir que as empresas de agronegócio pudessem transportar soja e grãos até o terminal de embarque de Miritituba, no Pará, nas profundezas da Amazônia, de onde são enviados a portos maiores e deles para o mundo todo. O desenvolvimento da estrada em si causou desmatamento, mas, de forma ainda mais relevante, essa rodovia desempenha um papel importante na transformação da Amazônia de floresta em plantações de monocultivos. Não é coincidência que o desmatamento na região ao redor da BR 163 tenha aumentado a cada ano desde 2004, inclusive quando o desmatamento total na Amazônia diminuiu. O desmatamento começou a aumentar de novo depois do golpe parlamentar que levou ao poder um governo de direita em 2016.[3]

O terminal de embarque em Miritituba é administrado pela Hidrovias do Brasil, uma companhia que pertence em grande parte à Blackstone, uma das maiores empresas financeiras do mundo. A Blackstone é dona direta de quase 10% das ações da Hidrovias do Brasil. Além disso, uma empresa de propriedade da Blackstone, chamada Pátria Investimentos, possui 55,8% da Hidrovias do Brasil.[4] Outras empresas financeiras também fazem dinheiro com o agronegócio e outros setores que impelem o desmatamento.[5]

Ainda que a cobertura midiática internacional tenha se centrado nos incêndios na Amazônia, outros ecossistemas críticos do Brasil (como o Cerrado,[6] ver o item seguinte) e de outros lugares também enfrentam um aumento do desmatamento, inclusive por meio de incêndios. Isso contribui para o aquecimento global e destrói os meios de subsistência e a biodiversidade.

---

[2] Veja, por exemplo, de Freitas Paes, Caio. "Matopiba concentra mais da metade das queimadas no Cerrado." In: *De Olho nos Ruralistas*, 16 de setembro de 2019. Disponível em: https://deolhonosruralistas.com.br/2019/09/16/matopiba-concentra-mais-da-metade-das-queimadas-no-cerrado

[3] Grim, Ryan. 2019. "A Top Financier of Trump and McConnell Is a Driving Force Behind Amazon Deforestation." In: *The Intercept*, 27 de agosto de 2019. Disponível em: https://theintercept.com/2019/08/27/amazon-rainforest-fire-blackstone

[4] *Ibid.*

[5] Um exemplo é a BlackRock, a maior empresa de gestão de ativos do mundo. Veja: Amigos de la Tierra EEUU/Amazon Watch/Profundo. BlacKRock's BIG Deforestation Problem. 2019. Disponível em: https://1bps6437gg8c169i0y1drtgz-wpengine.netdna-ssl.com/wp-content/uploads/2019/08/BR-Big-Problem-Final.pdf

[6] Amigos de la Tierra EEUU, GRAIN, National Family Farm Coalition, Rede Social de Justiça e Direitos Humanos. 2019. "Harvard and TIAA's farmland grab in Brazil goes up in smoke." Disponível em: https://grain.org/en/article/6339-harvard-and-tiaa-s-farmlandgrab-in-brazil-goes-up-in-smoke.

Comunidades tradicionais no Nordeste do Brasil enfrentam a expansão da produção de *commodities* agrícolas e a especulação com a terra

Comunidades tradicionais no estado do Piauí estão sendo expulsas de suas terras, florestas e rios para dar lugar à expansão da monocultura de soja. O desmatamento, a contaminação dos solos e da água com agrotóxicos, a destruição dos meios de vida, a perturbação da comunidade e a insegurança alimentar e nutricional tornam a vida impossível. Além disso, cresce a violência contra as comunidades por parte de grupos armados ligados a empresas de agronegócio. Em muitos casos, as populações locais se veem forçadas a migrar para as favelas das grandes cidades.

A acumulação de terras e a destruição ecológica em curso são possíveis graças às enormes quantidades de dinheiro vindas de fundos de pensão dos EUA, Canadá e Europa. De fato, empresas locais e nacionais de agronegócio entraram em parceria com atores financeiros transnacionais. Embora esses atores estejam financiando a produção de *commodities* agrícolas pelo agronegócio há vários anos, mais recentemente a terra em si se transformou em seu principal alvo. Em consequência, emergiram novas empresas cuja principal atividade é a especulação com as terras.

O maior fundo de pensão dos Estados Unidos, o TIAA, por exemplo, criou dois fundos de terras agrícolas desde 2012, denominados TIIA-CREF Global Agriculture LLC I e II (TCGA I+II), totalizando 5 trilhões de dólares. Por meio desses fundos, o TIAA adquiriu e administra quase 200 mil hectares de terras no Brasil, metade das quais situadas no Piauí e nos estados vizinhos. A maioria dos investidores dos fundos do TCGA são investidores institucionais, em particular os fundos de pensão dos EUA, Canadá, Coreia, Suécia, Alemanha, Reino

Unidos, Luxemburgo e Países Baixos. Muitas das propriedades do TCGA no Brasil foram compradas por uma companhia chamada Radar Imobiliária Agrícola, criada por meio de uma *joint venture* entre o TIAA e a maior companhia açucareira do Brasil, a Cosan. Esses acontecimentos aumentaram ainda mais a violência sofrida pelas comunidades rurais.

LEMBRE-SE

A TERRA COMO UMA NOVA "CLASSE DE ATIVO"

A especulação com a terra
A crise financeira e econômica mundial de 2008 intensificou o papel do capital financeiro nos mercados de terras agrícolas por todo o mundo. A especulação com a terra contribuiu para assegurar a circulação de capital financeiro num contexto de instabilidade econômica internacional. Essa tendência é estimulada ainda mais pelos fundos de investimento que buscam novos ativos com os quais especular. Em consequência, as terras agrícolas no Brasil e muitos outros países se transformaram em alvo do capital especulativo, em especial depois do colapso do mercado imobiliário dos EUA e Europa.
No Brasil, a crise financeira e econômica gerou uma mudança no perfil do agronegócio. Houve uma série de fusões e *joint ventures* entre empresas brasileiras de agronegócio e corporações agrícolas estrangeiras, assim como com grupos financeiros e empresas petroleiras. À medida que as grandes corporações adquiriram maior controle sobre a terra e os produtos agrícolas do país, o aumento no preço de suas ações nas bolsas de valores facilitou seu acesso a novas fontes de crédito, permitindo que se expandissem ainda mais.
Quando o preço das *commodities* agrícolas, como o açúcar, começou a baixar em 2008, várias empresas brasileiras de cana-de-açúcar começaram a quebrar. Entretanto, a redução dos preços das *commodities* agrícolas não afetou o preço das terras agrícolas no Brasil. Ao contrário, os preços da terra no Brasil continuaram aumentando e atraindo novos "investimentos" internacionais. Os efeitos sociais e ambientais desse processo são imensos e continuam sendo sentidos na atualidade.

Adaptado de: Fábio T. Pitta y Maria Luisa Mendonça. "Externalización de ofertas de tierras y financiarización de tierras agrícolas de Brasil." *In: Nuevos desafíos y retos en la defensa de la tierra*. n. 4 da série de documentos informativos do LRAN. 2019, p. 11-15. Disponível em: www.social.org.br/files/pdf/1_NUEVOSDESAFIOSCompletoESPANHOL.pdf.

> **PARA SABER MAIS**
>
> FIAN Internacional, Rede Social de Justiça e Direitos Humanos e Comissão Pastoral da Terra (CPT). *Os Custos Ambientais e Humanos do Negócio de Terras – O caso do MATOPIBA, Brasil.* 2018. Heidelberg, Alemanha: FIAN International, 2018. Disponível em: www.fianbrasil.org.br/wp-content/uploads/2018/08/Os-Custos--Ambientais-e-Humanos-do-Nego%CC%81cio-de-Terras-.pdf

As comunidades camponesas na Zâmbia e os projetos de "desenvolvimento" de investidores financeiros

As comunidades camponesas da Zâmbia estão lutando em defesa de suas terras contra o investidor financeiro Agrivision Africa. A empresa tem sede no paraíso fiscal de Maurício e é propriedade da Corporação Financeira Internacional (CFI) do Banco Mundial, da Instituição de Financiamento ao Desenvolvimento da Noruega, Norfund, e de uma empresa de investimentos com sede na África do Sul chamada Zeder. A Agrivision Africa, por meio de sua filial Agrivision Zambia, adquiriu pelo menos sete fazendas no país, totalizando cerca de 19 mil hectares de terras. A entrada massiva de fundos para tornar as fazendas mais produtivas por meio da mecanização, da irrigação e da digitalização, entre outros aspectos, também resultou em uma maior expansão. Na província de Mkushi, o chamado "coração do agronegócio zambiano", a Agrovision ampliou as fazendas até as zonas fronteiriças cultivadas pela comunidade local Ngambwa durante muitos anos para a produção de alimentos. Agora a comunidade perdeu a maior parte de suas terras agrícolas e foi ameaçada de expulsão em diversas ocasiões pelas forças de segurança privadas da companhia.

LEMBRE-SE

O FINANCIAMENTO PARA O DESENVOLVIMENTO E A ACUMULAÇÃO MUNDIAL DE TERRAS

O capital financeiro internacional, tanto público quanto privado, em especial da América do Norte e da Europa, vem desempenhando um papel significativo na recente expansão do agronegócio em muitas partes do mundo. Na Zâmbia, diversos investidores financeiros europeus apoiam o estabelecimento e/ou a expansão de grandes conglomerados de agronegócio de forma direta (como acionistas de empresas como a Agrivision) ou indireta (por meio de "estruturas de financiamento" que injetam dinheiro no setor do agronegócio). Muitos deles seguem uma estratégia de integração vertical (ou seja, o controle de toda a cadeia de valor, desde a produção até o consumo), e em particular um envolvimento direto na agricultura. O controle direto sobre as terras agrícolas é uma parte vital dessa estratégia. A motivação dominante dos atores financeiros é a rentabilidade do investimento – para os "investidores", não para a agricultura. Os atores financeiros buscam obter cada vez mais controle direto sobre as atividades agrícolas, por exemplo, por meio do controle das ações. Isso pode se traduzir em "investimentos em terras agrícolas administradas ativamente", onde o investimento de capital financeiro nas terras agrícolas decide diretamente sobre as atividades agrícolas e as controla. O caso da Zâmbia é um bom exemplo que demonstra como o financiamento para o desenvolvimento procedente da Europa desempenha um papel significativo na expansão acelerada do agronegócio na Zâmbia. Ao apresentar suas atividades como sendo de apoio à produção de alimentos, os fundos para o desenvolvimento reforçam a febre pela terra e a desapropriação das populações rurais. Um dos investidores da Agrivision Africa é o Fundo Africano de Investimento em Agricultura e Comércio (AATIF). O AATIF é um fundo com sede em Luxemburgo que se descreve como uma "estrutura inovadora de financiamento público-privado". Foi estabelecido pelo Ministério de Cooperação Econômica e Desenvolvimento da Alemanha (e seu ramo de assistência financeira, o banco de desenvolvimento KfW), em cooperação com o Deutsche Bank AG. Em março de 2019, o fundo desembolsou 160 milhões de dólares, o que gerou uma receita de juros de 40 milhões de dólares – em Luxemburgo, não na África.

Adaptado de: HERRE, Roman. (FIAN Germany/Aliança Hands off the Land). *Fast track agribusiness expansion, land grabs and the role of European public and private financing in Zambia*. Germany: FIAN International, 2013. Disponível em: http://bit.ly/AgribusinessLandGrabZambia.

> **PARA SABER MAIS**
>
> HERRE, Roman. (FIAN Germany/Aliança Hands off the Land). *Fast track agribusiness expansion, land grabs and the role of European public and private financing in Zambia*. Germany: FIAN International, 2013.Disponível em: http://bit.ly/AgribusinessLandGrabZambia.

A concentração de terras na Alemanha
A companhia de investimentos KTG Agrar foi uma das maiores proprietárias de terras da Alemanha. Ela adquiriu a maior parte de suas terras após a reunificação do país em 1990, beneficiando-se das políticas de governo para privatizar e vender terras que tinham sido propriedade do Estado na Alemanha Oriental. Em 2016, a KTG Agrar declarou falência, revelando uma rede de quase 100 companhias subsidiárias. Pouco depois de decretada a falência, os agricultores locais exigiram a redistribuição das terras da empresa para pequenos e jovens agricultores, e organizaram ocupações de terras e mobilizações. Eles exigiam que as autoridades aplicassem as salvaguardas existentes na Lei de Terras alemã, segundo a qual as autoridades locais podem negar ou restringir as transações de terras. Contudo, a KTG Agrar conseguiu vender rapidamente a maior parte de suas terras a dois investidores, a saber: a maior companhia de seguros do mundo, a Munich Re, e uma fundação privada chamada Gustav Zech Stiftung, com sede no paraíso fiscal de Liechtenstein. Esses investidores escaparam da regulamentação existente ao comprar as empresas filiais proprietárias das terras, em vez de comprar as terras em si. Essa manobra impediu que os órgãos públicos locais pudessem regular as transações de terras.

PARA SABER MAIS

GIOIA, Paula. *Resisting land grabs in Germany*. Farming Matters, Netherlands, v. 33, n. 1, p. 24-25, 18 apr. 2017. Disponível em: www.ileia.org/2017/04/18/resisting-land-grabbing-germany.

As megafusões do agronegócio

Entre 2017 e 2018, em um período de apenas 12 meses, seis corporações de agrotóxicos ou sementes concluíram as três maiores megafusões da história dos insumos agrícolas. O resultado foi uma maior concentração no mercado mundial de insumos agrícolas (sementes comerciais, herbicidas e pesticidas), com quase 70% do mercado agora sob controle de apenas quatro empresas: Corteva, ChemChina-Syngenta, Bayer-Monsanto e BASF.[5] Isso aumentou ainda mais o poder de mercado dessas corporações e exacerbou as pressões sobre os agricultores e agricultoras, que se veem presos a um sistema no qual são meros compradores de insumos, perdendo sua autonomia e a capacidade de seguir desenvolvendo seus sistemas agrícolas agroecológicos.

Essas megafusões ocorreram em um contexto no qual as principais fontes de lucro já não são as vendas de sementes ou agrotóxicos, mas sim a informação genética desmaterializada combinada com as patentes. No contexto das sementes, a chamada "desmaterialização" dos recursos genéticos implica o sequenciamento do genoma dos organismos vivos, a compilação dos conhecimentos dos agricultores sobre as características des-

---

[5] Veja: Grupo ETC. Between BlackRock and a Hard Place. Is the Industrial Food Chain Unraveling...or Rewinding? Caderno n. 116, 2018. Disponível em: www.etcgroup.org/content/between-blackrock-and-hardplace

3. COMO É O CAPITALISMO CLANDESTINO EM NOSSOS TERRITÓRIOS?

ses organismos e a digitalização e armazenamento posteriores dessas informações em enormes bancos de dados eletrônicos.

Somente as grandes empresas transnacionais dispõem da capacidade para administrar essas bases de dados e a representação digitalizada das sequências genéticas que elas contêm. As patentes sobre os chamados "traços nativos" permitem criminalizar os agricultores e obrigá-los a pagar taxas de utilização quando as sementes que usam contêm sequências patenteadas.

GRÁFICO 1 – PORCENTAGEM DE AÇÕES

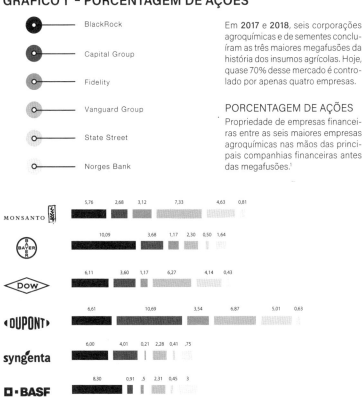

Em **2017** e **2018**, seis corporações agroquímicas e de sementes concluíram as três maiores megafusões da história dos insumos agrícolas. Hoje, quase 70% desse mercado é controlado por apenas quatro empresas.

PORCENTAGEM DE AÇÕES
Propriedade de empresas financeiras entre as seis maiores empresas agroquímicas nas mãos das principais companhias financeiras antes das megafusões.[1]

---

[1] Jennifer Clapp. *Bigger is Not Always Better: Drivers and Implications of the Recent Agribusiness Megamergers*. 2017. Disponível em: www.researchgate.net/publication/314206957_Bigger_is_Not_Always_Better_Drivers_and_Implications_of_the_Recent_Agribusiness_Megamergers

Ainda que as últimas megafusões tenham sido frequentemente descritas como um processo normal de integração (ou seja, as novas empresas combinam as atividades empresariais dos agrotóxicos e das sementes comerciais, que estão estreitamente relacionadas), um fator importante tem sido o fato de que as empresas em questão são em grande parte propriedade de agentes financeiros (ver quadro anterior). As ações que as financeiras possuem permitem que elas influenciem as decisões das empresas, e há motivos para crer que elas influenciaram a reestruturação dessas empresas por meio das fusões. Antes das fusões, as seis empresas não tinham alcançado bons resultados após o fim do auge das *commodities* provocado pela crise financeira mundial de 2007-2008, e estavam sob pressão para gerar mais lucros. As fusões são uma resposta comum para aumentar os lucros dos acionistas e as empresas financeiras se beneficiaram com elas.

PARA SABER MAIS

CLAPP, Jennifer. *Bigger is Not Always Better*: Drivers and Implications of the Recent Agribusiness Megamergers. Global Food Political Group, University of Waterloo, mar. 2017. Disponível em: http://bit.ly/BiggerNotAlways-Better.

A financeirização dos oceanos

No caso da indústria pesqueira, as comunidades pesqueiras de pequena escala e os trabalhadores da pesca observaram um fluxo de capital global em direção aos seus territórios sob o rótulo da "economia azul" ou do "crescimento azul". Essas palavras da moda reúnem uma série de políticas e iniciativas que

buscam atrair investimentos privados para os recursos oceânicos. A lógica se baseia em três preocupações, que certamente são de grande importância:
1) a necessidade de enfrentar as mudanças climáticas e seus efeitos;
2) o fornecimento de alimentos (marinhos) saudáveis para as populações; e
3) a produção de mais energias renováveis.

Contudo, as medidas que estão sendo promovidas sob esses selos redistribuem o acesso ao espaço oceânico e o controle sobre ele a empresas e atores financeiros ricos. Segundo o discurso da "economia azul", as mudanças climáticas e seus efeitos precisam ser combatidos por meio de investimentos de capital destinados às áreas marinhas protegidas e ao "turismo sustentável". Ao mesmo tempo, acredita-se que a expansão da aquicultura em grande escala, intensiva em capital, proporcionará proteínas e alimentos saudáveis de origem marinha aos consumidores. Por último, presume-se que as injeções de capital em parques de energia eólica e em atividades de mineração no fundo do mar aumentarão a produção de energias renováveis e proporcionarão novas fontes de extração mineral. O que não se considera na equação são os efeitos sobre as comunidades pesqueiras locais, nem as consequências sociais e ecológicas mais amplas dessas atividades. A combinação das três áreas mencionadas constitui uma forte remodelação da política oceânica e dos oceanos que está muito distante do nosso entendimento da terra ou do mar como territórios nos quais as comunidades vivem, em especial comunidades pesqueiras e de trabalhadores da pesca.

Em sua essência, a "economia azul" ou o "crescimento azul" tratam de criar novas oportunidades para a acumulação de capital e opções de investimento para todo tipo de atores, inclusive os investidores financeiros.

A seguir, apresentamos alguns exemplos de como isso se reflete na prática.

A aquicultura intensiva na Turquia

Nas últimas três décadas, teve lugar uma importante transformação na produção de produtos alimentares marinhos, da pesca de captura à aquicultura. A aquicultura se transformou em uma das indústrias de produção de alimentos que mais cresce, de forma que, em 2016, quase a metade do fornecimento de peixes para consumo humano procedia da aquicultura. Embora essa transformação costume ser promovida e justificada por uma narrativa ecológica e de sustentabilidade como uma forma de enfrentar a sobrepesca (que foi exacerbada com a expansão da pesca industrial desde os anos 1950), uma das principais causas do aumento da aquicultura foi a busca de novas oportunidades de investimento e a expansão capitalista nos mares.

Na Turquia, o crescimento da aquicultura se iniciou nos anos 1990 e o volume da prática intensiva mais do que quadruplicou entre 2000 e 2016 (até alcançar 33% do volume total da produção de produtos alimentares marinhos). Ao mesmo tempo, a pesca de captura experimentou uma tendência de queda. Atualmente, a Turquia é o maior produtor de robalo e dourada de cativeiro entre todos os países europeus do Mediterrâneo, e exporta 75% desta produção para a UE. O aumento da produção foi acompanhado de uma expansão espacial da aquicultura (as fazendas são estabelecidas mais longe da costa e em águas mais profundas, e, cada vez mais, mais fazendas e de maior tamanho usam gaiolas ainda maiores), assim como da intensificação da produção. Durante os últimos anos, houve um processo de integração que fez com que alguns agentes fundamentais controlem toda a cadeia de valor. Esse processo foi facilitado por subsídios, mudanças na legislação e marcos institucionais.

O auge da aquicultura aumentou as pressões sobre as comunidades pesqueiras de pequena escala e ameaça os meios de vida desses pescadores de várias maneiras. A aquicultura leva ao cercamento dos espaços marinhos, que são transformados em propriedade privada. A criação de peixes também tem efeitos negativos para os ecossistemas marinhos, uma vez que altera as características físicas e químicas das águas e provoca contaminação. Além disso, acarretou um aumento da pesca de captura de espécies de peixes menores, necessários para produzir ração para os peixes de cativeiro. Os empregos criados são escassos e de má qualidade e foram notificados problemas com os direitos trabalhistas em várias fazendas de aquicultura. Numa tentativa de criar mais peixes de tamanho comercial com mais rapidez, as empresas de aquicultura agora estão aumentando o uso de processos de produção automatizados muito intensivos em capital (para a alimentação, coleta e embalagem) e da biotecnologia.

> **PARA SABER MAIS**
>
> ERTÖR, Irmak; ORTEGA-CERDÀ, Miquel. The expansion of intensive marine aquaculture in Turkey: The next-to-last commodity frontier? *Journal of Agrarian Change*, v. 19, n. 2, p. 337-360, 31 jul. 2018. Disponível em: https://onlinelibrary.wiley.com/doi/abs/10.1111/joac.12283.

A conservação dos recursos marinhos como uma nova oportunidade de investimento

A agenda do crescimento azul se entrelaçou facilmente com a Agenda 2030 para o Desenvolvimento Sustentável e com os Objetivos de Desenvolvimento Sustentável (ODS), com uma ênfase específica no ODS 14: "conservar e utilizar sustentavelmente os oceanos, os mares e os recursos marinhos para o desenvolvimento sustentável". Este objetivo, associado a uma das Metas de Aichi para a biodiversidade (as metas estabelecidas pelos Estados para implementar a Convenção sobre Diversidade Biológica), que pede a proteção de mais de 10% das águas territoriais até 2020, encorajou os governos a continuarem desenvolvendo a visão de conjugar as oportunidades de investimento para empresas e investidores com a conservação dos oceanos. As áreas marinhas protegidas (AMP), em especial as maiores, que superam os 100 mil quilômetros quadrados, surgiram como uma solução fundamental para este desafio, e vêm ganhando terreno desde 2006. Também embarcaram nessa tendência grandes ONGs ambientalistas e organizações filantrópicas: o projeto Pristine Seas, da National Geographic, o projeto Pew Bertarelli Ocean Legacy, do Pew Charitable Trusts, e o programa Seascapes, da Conservation International, desempenharam um papel central no estabelecimento de 22 grandes AMPs em âmbito mundial, em colaboração com governos nacionais. Ao mesmo tempo, bancos privados como o Credit Suisse uniram forças com o Fundo Mundial para a Natureza (WWF, na sigla em inglês) para defender a conservação como uma oportunidade atrativa de investimento. Eles veem oportunidades para gerar lucros a partir de investimentos em infraestrutura e na gestão sustentável dos serviços ecossistêmicos. O que propõem aos investidores é, entre outras coisas, investir em alojamentos e trilhas para fomentar o ecoturismo, em painéis solares para gerar energia ou na monetização dos serviços ecossistêmicos (por exemplo, a proteção de bacias hidrográficas) e dos bens derivados da atividade florestal, da agricultura ou da aquicultura sustentáveis.

PARA SABER MAIS

BRENT, Zoe; BARBESGAARD, Mads; PEDERSEN, Carsten. Amsterdan: Transnational Institute (TNI). *The Blue Fix: Unmasking the politics behind the promise of blue growth*. Resumo informativo. 2018. Disponível em: http://bit.ly/BlueGrowth-BlueFix.

A mineração do fundo do oceano no Kiribati

O interesse pela mineração no fundo do oceano, focada especialmente nos elementos de terras raras, vem aumentando nos últimos anos. O Kiribati é um país que incluiu a mineração do fundo do oceano em sua meta de economia azul. O ex-presidente do país, Anote Tong, é conhecido internacionalmente por colocar as consequências do aumento do nível do mar para os Estados insulares do Pacífico na agenda internacional. Em 2014, Tong se dirigiu à Assembleia Geral da ONU com as seguintes palavras: "os oceanos desempenham uma função fundamental no desenvolvimento sustentável de meu país. Nossa meta para alcançar o desenvolvimento sustentável depende da economia azul, da conservação e da gestão sustentável de nossos recursos marinhos e oceânicos". Suas metas para a economia azul também envolviam concessões para a mineração do fundo do mar. Contudo, ainda que os efeitos ambientais dessa exploração não sejam bem conhecidos, os riscos são altos. Além disso, o projeto foi implementado sem qualquer tipo de consulta pública. Como resultado, alguns observadores falam na "grilagem do fundo do mar". A pesca de pequena escala não faz parte da agenda da economia azul do Kiribati. O mais provável é que os efeitos das atividades de mineração repercutam especialmente nas comunidades pesqueiras de pequena escala.

> **LEMBRE-SE**
>
> ## OS MOTORES DA MINERAÇÃO NO FUNDO DOS OCEANOS
>
> Segundo a OCDE, o aumento do interesse pela mineração no fundo dos oceanos foi impulsionado economicamente por uma "demanda crescente e aumento de preços" provenientes sobretudo das "tecnologias de energia verde" (como, por exemplo, turbinas eólicas e baterias fotovoltaicas que dependem desses minérios). Também foi impulsionado por motivações políticas, ou seja, o interesse da União Europeia (UE) e de outros de se desvincularem dos países de origem desses minérios na atualidade, como a China e a República Democrática do Congo. A mineração no fundo dos oceanos se apresenta como a solução para ambos os problemas. Como expressou o diretor executivo da mineradora Nautilus Mining, "o fundo dos oceanos contém algumas das maiores quantidades acumuladas conhecidas de metais essenciais para a economia verde, em concentrações geralmente superiores às encontradas na terra, e por isso é inevitável que em algum momento recuperemos recursos essenciais do leito marinho". No início de 2018, o secretário-geral da Autoridade Internacional dos Fundos Marinhos (AIFM) declarou que
>
>> nos encontramos na fase em que podemos ver que os minérios do fundo do mar podem oferecer uma produção estável e segura de minérios fundamentais, [...] com o potencial de proporcionar uma produção a baixo custo e que respeite o meio ambiente dos minerais necessários para impulsionar a economia inteligente, e que também poderiam contribuir para a economia azul de vários Estados em desenvolvimento.
>
> Adaptado de: BRENT, Zoe; BARBESGAARD, Mads; PEDERSEN, Carsten. Amsterdan: Transnational Institute (TNI). *The Blue Fix: Unmasking the politics behind the promise of blue growth*. Resumo informativo. 2018. Disponível em: http://bit.ly/BlueGrowth-BlueFix.

> **PARA SABER MAIS**
>
> BRENT, Zoe; BARBESGAARD, Mads; PEDERSEN, Carsten. Amsterdan: Transnational Institute (TNI). *The Blue Fix: Unmasking the politics behind the promise of blue growth*. Resumo informativo. 2018. Disponível em: http://bit.ly/BlueGrowth-BlueFix.

Empresa de Wall Street compra cotas de pesca nos EUA

Em dezembro de 2018, a Bregal Partners, uma empresa de capital de risco com sede em Nova York, anunciou que compraria uma empresa de fornecimento de peixes marinhos de fundo que administra cinco dos maiores navios pesqueiros que operam no estado do Maine, nos Estados Unidos. Mas a Bregal Partners não comprou só a empresa e os navios, também comprou cotas de pesca que outorgam a ela os "direitos" de propriedade privada para capturar grandes quantidades de peixes. As cotas de pesca ou de captura foram introduzidas para combater a sobrepesca. Contudo, como um mecanismo baseado no mercado, que permite que as cotas sejam vendidas e comercializadas como propriedade privada, as políticas de cotas de captura provocaram uma concentração na indústria pesqueira. Isso significa que cada vez menos atores – em sua maioria, empresas – possuem mais e mais cotas de pesca.

Ao mesmo tempo, é controverso se essas políticas acabaram realmente com a sobrepesca. Nas últimas duas décadas, pescadores de pequena escala se organizaram para combater essas políticas de cotas de captura e defender salvaguardas para proteger os pescadores das comunidades pesqueiras. Eles advertiram para o fato de que essas políticas transfeririam o acesso dos pescadores independentes para investidores externos, o que teria enormes consequências negativas tanto do ponto de vista social quanto econômico e ambiental. De fato, hoje em dia, os pescadores e pescadoras de pequena escala costumam se ver obrigados a comprar ou arrendar os direitos de pesca das empresas (financeiras) que os possuem. As organizações de pescadores de pequena escala também propõem alternativas que reivindicam os bens comuns dos oceanos como uma das últimas fontes de alimentos de domínio público. Entretanto, os encarregados de formular políticas ignoraram em grande medida as vozes das comunidades pesqueiras, o que acarretou uma concentração ainda maior. Como resultado, hoje, é cada vez mais frequente que grandes corporações e empresas de finanças possuam direitos de pesca.

> **PARA SABER MAIS**
>
> WHO OWNS THE FISH? [documentário] Ariane Wu (dir.), Emeryville (California), Center for Investigative Reporting, 55 min., 2013. Disponível em: http://bit.ly/WhoOwnsTheFish

Os grandes projetos de infraestrutura e os corredores econômicos transnacionais

O capital financeiro global também está entrando em nossos territórios por meio dos grandes projetos de infraestrutura em transporte (rodovias, ferrovias, vias aéreas e fluviais), energia, barragens para irrigação ou a serviço de mineradoras, expansão urbana, telecomunicações, turismo e agronegócio. Todas essas indústrias requerem grandes projetos de infraestrutura orientados para o benefício do comércio internacional. Esses projetos atraem investimentos importantes de capital público e privado e estão reconfigurando regiões inteiras, em alguns casos ultrapassando fronteiras. Essa reestruturação de nossos territórios orientada pelo capital está perturbando nossas relações socioecológicas e provocando desapropriações e deslocamentos em massa e violações sistêmicas de nossos direitos.

Usinas hidrelétricas no Laos

O investimento em usinas hidrelétricas no Laos aumentou nos últimos anos, devido à ambição do país de se transformar no maior provedor de eletricidade do Sudeste Asiático. Isso provocou a proliferação de projetos de energia hidrelétrica por todo o país, com planos de que cerca de 100 barragens estejam em operação em 2020. Os investidores e os credores sempre viram as barragens hidrelétricas como projetos arriscados porque são intensivas em capital, requerem longos períodos de construção e implicam riscos elevados. Embora no passado os riscos inerentes à construção de hidrelétricas fossem um obstáculo fundamental para atrair capital, esse já não é mais o caso no Laos. Hoje em dia, as hidrelétricas são mais populares entre investidores e credores, sendo consideradas projetos de "alto risco e alta recompensa", tendo uma grande probabilidade de gerar lucros e um perfil de risco aceitável. Por meio da liberalização dos mercados de energia, desenvolveram-se instrumentos financeiros e eliminaram-se as barreiras que antes impediam o movimento de capital.

A viabilidade comercial dos projetos de hidrelétricas os transformou numa classe de ativos importante para as instituições financeiras. Os instrumentos financeiros utilizados com frequência se caracterizam por sua complexidade e incluem uma mistura de financiamentos públicos e privados, combinados a financiamentos reembolsáveis, empréstimos com juros baixos, mecanismos de financiamento de grupo, derivativos, seguros e inúmeros tipos de fundos de investimento. Por sua vez, o governo do Laos e bancos de desenvolvimento multilaterais fornecem ao setor privado garantias e mecanismos de mitigação de riscos, como as garantias contra riscos políticos, com o objetivo de atrair investidores e, ao mesmo tempo, proteger o setor privado dos riscos. O envolvimento do setor privado na energia hidrelétrica também foi estimulado por acordos de financiamento e contratuais, como as parcerias público-privadas (PPP), já que os riscos a longo prazo são transferidos para o setor público após o período de concessão da hidrelétrica. De maneira conjunta, as reformas do setor hidrelétrico e os instrumentos financeiros encorajaram a participação do setor privado na energia hidrelétrica, ao mesmo tempo que asseguram os lucros comerciais e distribuem os riscos entre setores. Como resultado, maximizou-se a rentabilidade dos investimentos no setor da energia hidrelétrica. Estima-se que a média anual da taxa de rendimento dos investimentos hidrelétricos esteja entre 7% e 20% para os investidores, enquanto, para os credores, está entre 2% e 3% sobre o custo do capital durante um período muito mais curto. No Laos, a hidrelétrica de Xayaburi, com um custo de 3,8 bilhões de dólares e atualmente em construção, demonstra a rentabilidade em termos de rendimento do capital. A empresa de construção tailandesa CH. Karnchang investiu 30% do capital da usina e espera lucros de mais de 4,5 bilhões de baht (cerca de US$ 140 milhões) anuais em média.

Entretanto, presta-se muito pouca atenção às consequências socioeconômicas e ambientais significativas das usinas hidrelétricas. Elas alteram essencialmente a relação entre as pessoas, a água e a terra. As barragens retêm sedimentos que são vitais para a agricultura rio abaixo, mudam de forma irreversível a hidrologia e o ecossistema de um rio, bloqueiam as migrações de peixes e ameaçam a biodiversidade. As comunidades são deslocadas de suas terras e perdem o acesso aos recursos naturais que são fundamentais para seus meios de vida e sua segurança alimentar. No Laos, os marcos jurídicos e institucionais não estão equipados para enfrentar adequadamente esses riscos e para proteger as pessoas afetadas.

PARA SABER MAIS

TRANDEM, Ame. *Offloading Risks & Avoiding Liabilities.* How financial institutions consider hydropower risks in Laos. Bangkok: Focus on the Global South, 2019. Disponível em: http://bit.ly/HydropowerLaos.

Mali, Burkina Faso e Costa do Marfim apresentam a primeira zona econômica especial transnacional da África Ocidental

Em maio de 2018, os primeiros-ministros de Mali, Burkina Faso e Costa do Marfim formalizaram o projeto de criação de uma zona econômica especial no triângulo formado pelas cidades de Sikasso (Mali), Bobo-Dioulasso (Burkina Faso) e Korhogo (Costa do Marfim). Os três governos apresentam o projeto como um acelerador da integração econômica, e antecipa-se à execução de projetos comuns de desenvolvimento socioeconômico (infraestrutura, zonas industriais etc.). A previsão é de que a zona atraia capital por meio de um conjunto de vantagens fiscais e jurídicas para as empresas que operem e invistam nela.

A iniciativa ilustra a prioridade que os governos da África Ocidental dão à criação de oportunidades de investimento e à atração de capitais estrangeiros e nacionais. Para isso, implementam um conjunto de vantagens fiscais e jurídicas para as empresas que operam e investem na zona. Dada a falta de proteção aos direitos de propriedade das comunidades – especialmente os sistemas de propriedade coletiva e consuetudinária –, é provável que a iniciativa conduza à desapropriação de comunidades locais.

Os corredores econômicos na região do Mekong

Desde 1998, o desenvolvimento de corredores econômicos tem sido um elemento central do marco estratégico do Programa de Cooperação Econômica da Sub-região do Grande Mekong. Os corredores econômicos são zonas ou bolsões com um forte desenvolvimento de infraestruturas com o fim de atrair investimentos privados em múltiplos setores e onde o governo do país que receberá tais investimentos implementa políticas e regulamentações que possibilitam, por exemplo, a produção e a distribuição de energia, a transformação agrícola, a manufatura, o turismo, o fornecimento de serviços privados, a criação de zonas econômicas especiais e parques industriais. Atualmente existem três corredores "emblemáticos": o Corredor Econômico Leste-Oeste, de Danang (Vietnã) até Mawlamyine (Myanmar); o Corredor Econômico Norte-Sul, de Kunming (China) até Bangkok (Tailândia); e o Corredor Econômico do Sul, entre o sul do Vietnã e Bangkok. Os investimentos em infraestrutura física, a facilitação do comércio e do transporte, o desenvolvimento das cidades fronteiriças e dos corredores, a promoção de investimentos e o desenvolvimento de empresas se centraram em grande medida nessas três zonas. É provável que esses corredores econômicos se ampliem ou se readaptem com o objetivo de assegurar a adequada inclusão de Myanmar, do Laos e das principais rotas comerciais transfronteiriças entre a China e Myanmar, Myanmar e Tailândia e China e Laos. É provável que as estradas inter-regionais ("corredores de transporte") se transformem em corredores econômicos de pleno direito por meio do desenvolvimento de zonas econômicas especiais, zonas econômicas transfronteiriças e áreas de produção industrial, e prevê-se que absorvam mão de obra migrante do Laos, do Camboja e de Myanmar e que conectem empresas locais com cadeias de valor regionais e mundiais.

Independentemente do setor, ou do discurso sobre redução da pobreza e desenvolvimento da resiliência frente às mudanças climáticas, os elementos centrais da visão da Sub-região do Grande Mekong são a mercantilização, a privatização e os mercados controlados por grandes corporações. Os corredores econômicos são acompanhados de corredores de conservação da biodiversidade, como no Laos, Camboja e Vietnã, que abarcam 2 milhões de hectares de florestas e terras não florestais e atuam como o componente "verde" de uma abordagem de desenvolvimento supostamente sustentável.

A estratégia em matéria de agricultura inclui a promoção de investimentos no agronegócio, o desenvolvimento da competitividade global em segurança alimentar, a modernização do comércio agrícola, o comércio eletrônico, os sistemas de seguros baseados nas condições meteorológicas, as tecnologias de biomassa e a certificação ecológica para acesso ao mercado, entre outros aspectos. Enfatiza-se a integração dos agricultores de subsistência da região em cadeias de valor regionais ou mundiais lideradas por corporações do agronegócio e a reorientação da produção agrícola da autossuficiência para uma produção que alimente os mercados regionais e globais.

A Estratégia do Setor Turístico da Sub-região do Grande Mekong tem o objetivo de desenvolver e promover a região do Mekong como um único destino turístico. A promoção do turismo está ligada ao respaldo aos corredores econômicos e aos projetos de infraestrutura como, por exemplo, a modernização de aeroportos, a melhoria das estradas nas regiões de atrações turísticas, o desenvolvimento dos leitos dos rios, o fornecimento de água, de eletricidade, os mercados e o embelezamento das paisagens etc.

PARA SABER MAIS

GUTTAL, Shalmali; CHREK, Sophea. *An overview of large-scale investments in the Mekong Region.* Bangkok: Focus on the Global South/ Rosa Luxemburg Stiftung (Souteast Asia), 2016. Disponível em: http://bit.ly/LargeScaleInvestmentsMekong

Iniciativa chinesa do Cinturão e Rota destrói os meios de vida das comunidades pesqueiras no Sri Lanka

A Iniciativa do Cinturão e Rota (também conhecida como Um Cinturão, Uma Rota) é o maior projeto de infraestrutura do mundo e ilustra a ambição da China de melhorar seu comércio por meio da construção de estradas, ferrovias, oleodutos, redes de transmissão, portos, projetos de energia, zonas econômicas especiais e corredores de infraestrutura. O projeto foi inicialmente proposto pelo presidente chinês Xi Jinping em 2013, com um investimento estimado em mais de US$ 1 trilhão durante o transcorrer da iniciativa. Não existe uma lista oficial de projetos, mas estima-se que, em 2018, foram desembolsados mais de US$ 400 bilhões para projetos dessa iniciativa.[7] Os fundos para a iniciativa Um Cinturão, Uma Rota vêm de diversas fontes, como bancos chineses de políticas (por exemplo, o China Development Bank ou o China Exim Bank), grandes bancos comerciais (como o Industrial and Commercial Bank of China [ICBC], China Construction Bank, Bank of China, Agriculture Bank of China), empresas chinesas de propriedade estatal, um fundo privado de investimentos com um valor de US$ 40 bilhões chamado Silk Road

---

[7] What is China's Belt and Road Initiative? *The Guardian.* Disponível em: https:// www.theguardian.com/cities/ng-interactive/2018/jul/30/what-china-belt-road-initiative-silk-road-explainer

Fund, o Banco Asiático de Investimento e Infraestrutura, e um fundo privado de investimento baseado em Hong Kong e Dubai chamado China Ocean Strategic Industry Investment Fund. O governo da China anunciou que explorará modelos de investimento e cofinanciamento que incluam fundos do setor privado, instituições multilaterais e bancos comerciais, com o objetivo de mobilizar os recursos necessários.

A Cidade Financeira Internacional de Colombo (Colombo International Financial City [CIFC]) – antes conhecida como o Projeto da Cidade Porto – é um projeto emblemático de desenvolvimento urbano entre a China e o Sri Lanka dentro da iniciativa Um Cinturão, Uma Rota, que começou oficialmente em 2014. Como o maior investimento estrangeiro da história do Sri Lanka, espera-se que a CIFC não só se transforme num importante centro marítimo na Ásia Meridional, como também num centro financeiro para complexos de centros comerciais, escritórios e hotéis. O projeto está sendo desenvolvido pela empresa Chinese Harbour Engineering Company (CHEC) Port City Colombo (PVT) LTD., uma filial da empresa estatal China Communication Construction Company (CCCC), que foi criada especialmente para este fim.

A CIFC afetará diretamente cerca de 30 mil pessoas, especialmente comunidades pesqueiras de pequena escala. Essas comunidades se veem particularmente afetadas pela extração de areia, que destrói o ecossistema marinho e os meios de vida. O esgotamento e a disponibilidade reduzida de peixes têm causado desnutrição e os pescadores de pequena escala viram--se obrigados a buscar outras atividades. Em 2016, uma greve de fome fez com que as comunidades pesqueiras e a CHEC alcançassem alguns acordos para minimizar os efeitos sobre as comunidades costeiras. Entretanto, esses acordos não foram respeitados. O projeto também afeta a soberania do Sri Lanka devido à enorme quantidade de dinheiro investida pela China como parte de sua estratégia geopolítica.

> **PARA SABER MAIS**
>
> SAFI, Michael. Sri Lanka's "new Dubai": will Chinese-built city suck the life out of Colombo? *The Guardian*, August 2, 2018. Disponível em: www.theguardian.com/cities/2018/aug/02/sri-lanka-new-dubai-chinese-city-colombo.

A moradia e as cidades

A especulação, as catástrofes relacionadas à moradia e as lutas sociais ligadas a ela sempre fizeram parte da urbanização capitalista. O capital financeiro é um dos motores, resultados e campos de batalha desse processo. Atualmente, uma maioria da população mundial que aumenta rapidamente vive em zonas urbanizadas. A vida nas cidades, incluindo as múltiplas relações com as zonas rurais, está cada vez mais submetida aos interesses do capital financeiro. Os fluxos de capital entre as maiores cidades do mundo nunca foram tão livres e fortes, a quantidade de capital investido nas cidades nunca foi tão elevada e a extração de riqueza das zonas e populações urbanas nunca foi tão intensa e extensa como é hoje. A moradia é um dos alvos mais importantes da financeirização. Estima-se que o mercado imobiliário residencial mundial tenha um valor de cerca de US$ 162 trilhões,[8] e atraia todo tipo de agentes financeiros em busca de lucro. Não é coincidência que a especulação nos mercados de habitação e imobiliário (com as

---

[8] Chang, Sue. Here's all the money in the world, in one chart. *MarketWatch*. Disponível em: www.marketwatch.com/story/this-is-how-much-money-existis-in-the-entire-world-in-onechart-2015-12-18 Acesso em: 24 fev. 2023.

chamadas hipotecas de alto risco entre outras coisas) foi uma das principais causas que desencadearam a crise financeira mundial de 2007-2008. A moradia, assim como a alimentação, é uma necessidade humana básica e um direito fundamental. Se ela é escassa, as pessoas estão dispostas a dar tudo o que podem para ter um lugar para morar. Os proprietários e os capitalistas podem explorar essa demanda básica e extrair aluguéis ou rendimentos muito acima dos custos de construção e manutenção. Esta renda e a segurança da propriedade alugada ou hipotecada são a base para operações financeiras de maior monta.

O excesso de acumulação, as políticas de desregulação e o fluxo livre de capital criaram as condições que permitiram que o capital financeiro transformasse o valor das casas e residências em ativos financeiros comercializados mundialmente. As empresas e plataformas imobiliárias financeirizadas, que costumam ser proprietárias de dezenas de milhares de imóveis, emitem ações e títulos, vendem com frequência partes de suas carteiras e securitizam as hipotecas por meio de novos instrumentos financeiros. As cidades e os lares de milhões de pessoas se transformaram no *playground* das operações especulativas desses proprietários corporativos, que se dissociaram das condições reais e locais da moradia.

O negócio da moradia financeirizada leva os preços dos aluguéis e dos bens imobiliários a patamares inalcançáveis para uma parte crescente da população. As bolhas imobiliárias que foram criadas em muitas cidades de todo o mundo se transformaram numa ameaça importante para a estabilidade econômica.

Os fundos abutres na Catalunha

Nos últimos anos, o Estado espanhol testemunhou uma transformação significativa em seus mercados imobiliários. A crise financeira de 2007-2008 teve um vínculo estreito com a crise das hipotecas que provocou centenas de milhares de execuções hipotecárias e levou as pessoas a perderem suas casas, como uma bolha imobiliária na qual os bancos, em conivência com os governos, absorveram grande parte das casas e apartamentos que as pessoas já não podiam pagar. O novo cenário é o aumento do custo da moradia de aluguel e sua especulação. A transição de um "produto", isto é, das hipotecas, para outro, a moradia de aluguel, tem uma explicação política.

A moradia mercantilizada como resultado da desregulação do mercado imobiliário espanhol se transformou em um elemento altamente lucrativo para os bancos, que criaram diferentes instrumentos que lhes permitiram especular. Quando a bolha imobiliária estourou, resultando na crise de 2008, esses bancos foram resgatados com 60 bilhões de euros de fundos públicos. Ao mesmo tempo, já se preparava o terreno para o novo negócio: a especulação com os imóveis de aluguel. Para isso, a lei de locação foi reformada, o que reduziu a duração dos contratos de cinco para três anos e acelerou os procedimentos de despejo em caso de inadimplência. Além disso, foi introduzida uma lei que exime as sociedades de investimento imobiliário[9] do pagamento de impostos mesmo quando têm lucros altos. Essa mesma lei também criou os "vistos dourados", que concedem os mesmos benefícios das empresas espanholas a todas as entidades estrangeiras que façam investimentos

---

[9] As sociedades de investimento imobiliário são instrumentos de investimento em aluguéis. O Estado espanhol tem mais de 70 entidades desse tipo, isto é, 50% de todas as existentes na Europa.

imobiliários de mais de meio milhão de euros, sem levar em conta o tipo de "investimentos" que são realizados. Até a data de hoje, foram concedidos 24.095 vistos desse tipo.

Em menos de três anos, todas essas mudanças de regulamentação encurtaram os contratos e aumentaram as receitas dos aluguéis, o que levou à financeirização do mercado do aluguel em muitos centros urbanos. Os preços da habitação na Espanha aumentaram cerca de 30% nos últimos anos, enquanto os salários reais estancaram ou até foram reduzidos. Desta vez, os principais agentes e beneficiários do negócio da habitação não foram os bancos – embora também participem por meio da criação de filiais imobiliárias e de suas próprias sociedades de investimento imobiliário –, mas sim as empresas internacionais de investimentos. Essas empresas, que popularmente são chamadas de "fundos abutres", costumam adquirir hipotecas-lixo e ativos tóxicos para transformá-los em casas de luxo ou para turistas dentro de alguns anos. Elas difundiram um modelo empresarial no qual identificam e compram edifícios residenciais que pertencem a um proprietário, expulsam os moradores, reformam os apartamentos e os revendem ou transformam em luxuosas casas de aluguel.

Dessa forma, a empresa de investimentos Blackstone, baseada nos EUA, se transformou na maior proprietária de imóveis da Espanha. Obtém seus lucros à custa das milhares de famílias e pessoas cujo direito à moradia foi violado, como reconheceu a Relatora Especial das Nações Unidas sobre o Direito à Moradia Adequada.[10]

---

[10] A Relatora Especial sobre o direito à moradia adequada, Leilani Farha, divulgou um comunicado em que denunciava os abusos de direitos humanos cometidos por esses fundos abutre, em particular a Blackstone, e enviou cartas a cinco governos, incluindo o da Espanha. Veja: https://observatoridesc.org/ca/naciones-unidas-acusa-blackstone-contribuir-crisis-mundial-vivienda

> **PARA SABER MAIS**
>
> Observatori DESC. Naciones Unidas acusa a Blackstone de contribuir a la crisis mundial de la vivienda. Observatori DESC, 2019. Disponível em: https://observatoridesc.org/ca/naciones-unidas-acusa-blackstone-contribuir-crisis-mundial-vivienda

A financeirização da moradia coletiva na Alemanha

Desde o começo do século XX, muitos países industrializados como a Alemanha criaram regulamentações para minimizar os riscos e construir novas habitações necessárias para o contingente da força de trabalho. Com a ascensão do neoliberalismo, muitas dessas regulações foram abolidas, o que abriu caminho para uma financeirização em grande escala da moradia desde os anos 1980. Na Alemanha, um passo fundamental foi a abolição da regulação sobre a moradia sem fins lucrativos em 1990. Depois de outras reformas políticas neoliberais, as vendas massivas de imóveis de aluguel a fundos imobiliários de capital privado alcançaram seu máximo entre 2004 e 2007. Até 2008, mais de um milhão das antigas moradias de aluguel "social" tinham sido vendidas a esses fundos de capital privado. Os fundos refinanciaram suas compras por meio da securitização, utilizando títulos hipotecários, o que provocou diretamente o endividamento do envelhecido parque imobiliário.

A crise financeira mundial que se iniciou em 2007 interrompeu as transações. Também obrigou os gestores de fundos a reduzirem os custos de manutenção. Algumas das maiores plataformas de habitação sob controle do capital privado imobiliário iniciaram uma "industrialização" do negócio da habitação, baseada nas tecnologias da informação, a padronização dos trabalhos de serviço e a centralização das instalações (ver o quadro na p. 116). Quando a economia alemã se recuperou (parcialmente) da crise em 2011, os fundos mantiveram seus investimentos temporários e lucraram sobretudo por meio de ofertas públicas nas bolsas de valores alemãs. Desde então, o "dinheiro barato" disponível para as empresas e fundos como resultado das políticas monetárias posteriores à crise (ver o item Políticas monetárias e fiscais) permitiu que proprietários financeirizados, como Vonovia e Deutsche Wohnen, investissem na renovação e densificação do parque imobiliário, o que aumentou os valores de mercado e os aluguéis. A "subcontratação interna" em grande escala de serviços e mão de obra externos aumentou o controle sobre toda a cadeia de valor e, em consequência, promoveu as condições e os lucros da gestão industrializada das moradias. A "indústria da moradia financeirizada" busca aumentar fundamentalmente a rentabilidade do capital investido, mas também a eficiência da gestão de seu enorme parque imobiliário – algumas empresas imobiliárias são proprietárias de unidades de habitação, ou seja, de casas e apartamentos. Os valores das ações dessas empresas na bolsa aumentaram enormemente, assim como os aluguéis. Como resultado, muitas cidades alemãs atualmente enfrentam uma crise, dado que os aluguéis já não são acessíveis para uma parte crescente da população.

"Cidades inteligentes" na Índia

Em muitos países do mundo, os governos e outros agentes estão promovendo a criação das chamadas "cidades inteligentes". Este conceito faz referência a políticas de desenvolvimento urbano que supostamente tornam as cidades mais sustentáveis e melhoram a infraestrutura e os serviços. As tecnologias digitais são fundamentais para tornar as cidades "inteligentes". Os Estados, as instituições financeiras internacionais e as corporações fazem pressão pela transformação urbana que requer investimentos enormes mobilizados por agentes estatais e privados. As parcerias público-privadas (PPP) se apresentam como o melhor modelo para executar esses projetos de desenvolvimento em grande escala. Ao lado dos altos custos, surgem novas oportunidades de lucro para as empresas e para todo tipo de "investidores". Cidades como Barcelona, Amsterdã, Nova York, San Francisco, Londres e Cingapura se transformaram em cidades "inteligentes" nos últimos anos.

Na Índia, o primeiro-ministro Narendra Modi deu início à Missão das Cidades Inteligentes, em 2015. A primeira fase desse projeto de desenvolvimento urbano prevê "redesenvolver" 100 cidades indianas a fim de torná-las inteligentes até 2020. Segundo o Ministério do Desenvolvimento Urbano, o custo é de aproximadamente US$ 105 bilhões. Cerca de US$ 13 bilhões virão dos governos central e estaduais, e o restante precisa ser mobilizado por instituições financeiras internacionais, organismos bilaterais de cooperação para o desenvolvimento, empresas privadas e sociedades financeiras. O Banco Mundial, a Corporação Financeira Internacional (CFI) e o Banco Asiático de Desenvolvimento em Infraestrutura mostraram interesse em financiar a Missão das Cidades Inteligentes da Índia. O mesmo ocorre com organismos bilaterais da França, Alemanha, EUA, Reino Unido, Japão e Cingapura. Além disso, várias empresas transnacionais estão envolvidas na promoção das cidades inteligentes pelo mundo e na Índia. Entre elas, estão empresas como IBM, Microsoft, Oracle, Cisco, General Electric, Siemens, Huawei, Erikson, Hitachi e Toshiba. Essas empresas fazem parte de fóruns da indústria como o Smart City Council ou o Smart City Expo World Congress, que promovem o conceito das "cidades inteligentes" como uma forma de abrir novas oportunidades de negócio.

Apesar das campanhas de relações públicas criadas em torno da narrativa de melhorar a vida dos cidadãos, estes não necessariamente se beneficiam das enormes quantidades de dinheiro destinadas às "cidades inteligentes". Os moradores raramente podem expressar sua opinião no desenvolvimento dessas políticas e em geral se encontram em uma situação em que são meros receptores de diretrizes que vêm de cima e ameaçam a democracia participativa e uma série de direitos humanos, inclusive os direitos à terra, à moradia adequada e à participação, assim como o "direito à cidade". O principal objetivo é aumentar a participação do setor corporativo na governança da cidade e financeirizar a terra e os serviços essenciais. Isso aumenta a gentrificação e os despejos baseados no mercado, já que crescem os custos dos aluguéis e da habitação, o que provoca a expulsão dos moradores de baixa renda que, como consequência, não têm condições de viver nas cidades "inteligentes". O uso massivo de tecnologias digitais provoca o crescimento da vigilância e a perda de privacidade. O aumento do monitoramento dos moradores das cidades por meio de câmeras de circuito fechado de televisão, *smartphones*, luzes de sensores, vigilância online e centros de comando e controle estabelecidos pelo Estado não só viola os direitos das pessoas à privacidade, à informação e ao consentimento, como apresenta o risco de aumentar a discriminação mediante a elaboração de perfis e a segmentação das comunidades por motivos de raça, etnia, religião e casta.

Ademais, o modelo das "cidades inteligentes" se constrói sobre o pressuposto mundial equivocado de que a "urbanização é inevitável". Assim, não enfrenta as causas estruturais da crescente urbanização, incluindo a migração por necessidade, as crises agrárias e alimentares mundiais e nacionais e a falta de investimentos públicos no desenvolvimento rural.

> **PARA SABER MAIS**
>
> HOUSING AND LAND RIGHTS NETWORK. *India's Smart Cities Mission*: Smart for Whom? Cities for Whom? Housing and Land Rights Network, New Delhi, 2018. Disponível em: www.hlrn.org.in/documents/Smart_Cities_Report_2018.pdf
>
> DWIVEDI, Gaurav. *Smart cities mission in India*. Footprints of International Financial Institutions. New Delhi: Centre for Financial Accountability, 2019. Disponível em: www.cenfa.org/wp-content/uploads/2019/07/Smart-Citiesbooklet-Final.pdf

A urbanização, a especulação e a grilagem de terras no Mali

Nos últimos dez anos, o Mali foi alvo da grilagem mundial de terras. Organizações de agricultores e as OSCs documentaram vários casos de projetos agrícolas em grande escala em zonas rurais, e a resistência das comunidades acabou com alguns deles. Mas a grilagem de terras também afeta as zonas urbanas e periurbanas, em especial a capital do país, Bamako. Como muitas outras cidades africanas, Bamako cresceu exponencialmente e sua população quintuplicou em apenas 30 anos, chegando a mais de 2,5 milhões de habitantes em 2019.[11] Esse fato e as expectativas de um maior crescimento atraíram todo tipo de construtoras e especuladores urbanos.

O governo do Mali, encorajado e financiado por instituições financeiras internacionais, como o Banco Mundial,[12] implementou políticas para atrair investimentos privados (nacionais e estrangeiros). Entre outras medidas, criou a Agência

---

[11] Os dados referentes a Bamako estão disponíveis em: http://worldpopulationreview.com/world-cities/bamako-population.

[12] Um informe recente do Banco Mundial apresenta a visão do Banco sobre como Bamako deveria se transformar num "motor de crescimento e prestação de serviços". Ver: http://documents.worldbank.org/curated/en/154691549486819482/pdf/127221-repl-Bamako-Report-final-v4.pdf.

para a Promoção de Investimentos no Mali (Agence Pour le Promotion des Investissements), como um "guichê único" para os investidores privados. Além disso, o Mali passou por uma proliferação de agências imobiliárias (Sema, ACI e Sifma, entre outras), que em geral foram criadas pelas elites e comerciantes ricos que buscam obter lucros com projetos de urbanização. Isso levou à mercantilização da terra e à desapropriação das comunidades. Segundo as OSCs do país, houve uma acumulação de cerca de 30 mil hectares de terras nas zonas periurbanas de Bamako. As terras que têm sido alvo de empresários e especuladores são governadas e administradas por normas comunitárias e consuetudinárias de gestão coletiva da terra. Embora, em princípio, os direitos consuetudinários à terra sejam reconhecidos pela Lei de Terras do Mali (Code Domanial et Foncier), as comunidades não estão protegidas de forma efetiva contra a atual onda de especulação e projetos de "investimento".

Água

Em relação à água, a desapropriação e as violações dos direitos das comunidades ocorrem de formas distintas, começando, por exemplo, com a extração ou o desvio de água para atividades industriais, agrícolas ou de mineração; a contaminação provocada por essas e outras atividades; os projetos de infraestrutura, entre eles os de energia hidrelétrica, que provocam o desvio dos rios; a privatização da infraestrutura e dos serviços hídricos etc. A água é um bem público e um direito humano universal. Entretanto, nos últimos 20 anos, as empresas transnacionais de água e o Banco Mundial realizaram esforços sistemáticos e coordenados para tratar a água principalmente como um bem econômico, tanto no setor do abastecimento de água como no de saneamento, assim como na gestão da água no setor agrícola. Esse impulso para a privatização se deu em

no setor agrícola. Esse impulso para a privatização se deu em nome da melhoria da eficiência econômica do uso da água, sob o argumento de que o setor privado realizaria os investimentos necessários em infraestrutura hídrica. Contudo, na realidade, as consequências para as comunidades e as pessoas foram, entre outras, preços mais altos, serviços deficientes e negação do acesso à água para a produção agrícola básica e outras necessidades locais. Além disso, diversas iniciativas lideradas pelo setor privado, como o 2030 Water Resources Group (que foi criado pelo Fórum Econômico Mundial e conta com membros como a Nestlé e uma série de outras empresas transnacionais de produtos alimentares e bebidas), enfatizam a vantagem de desviar a água para atividades economicamente mais produtivas – ou seja, desviar a água de atividades de subsistência, inclusive da agricultura em pequena escala. O 2030 Water Resources Group promove ativamente mudanças legislativas que são vantajosas para os novos centros urbanos e a indústria e para assegurar que as operações da cadeia de fornecimento não sejam interrompidas.

As PPP no contexto dos serviços hídricos alcançaram seu ponto máximo em meados da primeira década deste século, depois da qual foram realizadas menos PPPs, os contratos com empresas privadas de água foram encurtados, e alguns governos (locais) aplicaram regulamentações para enfrentar os problemas que surgiram com a privatização.[13] Em alguns casos, e como resultado de protestos públicos e de ações legais, municípios rescindiram contratos com empresas privadas e remunicipalizaram os serviços de águas (ver o item As lutas em curso contra o capitalismo clandestino). Ao mesmo tempo, a crise hídrica

---

[13] Getzner, M. *et al.* Comparison of European Water Supply and Sanitation Systems. 2018. Disponível em: http://bit.ly/WaterSupplySystems

piorou, tanto em termos de contaminação como de escassez, e seus efeitos se exacerbaram ainda mais com a crise climática. Não só se considera que as grandes empresas de águas tiveram um papel enorme nessas calamidades, como também essas mesmas empresas se viram afetadas pela diminuição das margens de lucro. Como resposta a essa crise, a água tem sido cada vez mais financeirizada. Foram implementadas várias propostas e iniciativas com o objetivo de atrair capital privado, por exemplo, por parte do G20, do Banco Mundial, da OCDE, de vários bancos de desenvolvimento multilaterais e alguns governos nacionais. Atualmente, os investidores financeiros têm cada vez mais controle sobre empresas hídricas: por exemplo, 4,99% das ações da Veolia, a maior provedora de serviços hídricos do mundo, são propriedade da BlackRock.[14] A financeirização das empresas hídricas está mudando a forma como estas operam, já que se concentram cada vez mais em pagar dividendos em vez de investir na manutenção das infraestruturas, e operam por meio de estruturas empresariais de crescente complexidade para diminuir o pagamento de impostos (ver o capítulo 4). Além disso, estão desenvolvendo novos instrumentos financeiros, como os "futuros hídricos", com o objetivo de fazer com que a água seja um ativo comercializável nos mercados financeiros mundiais (ver o quadro na p. 75).

A água e a mineração de carvão na Colômbia

El Cerrejón é uma das maiores minas de carvão a céu aberto do mundo. Situada na região de La Guajira, no noroeste da Colômbia, a mina tem uma extensão de 69 mil hectares e produz mais de 30 milhões de toneladas de carvão por ano.

---

[14] Veolia. Document de référence 2018. Rapport financier annuel, 2018. p. 70. Disponível em: www.veolia.com/sites/g/files/dvc2491/files/document/2019/03/Finance_DDR-2018_Veolia_Environnement_%2013-03-2019_FR.pdf

Foram documentadas diversas formas de violação e abuso de direitos humanos relacionados à mina, incluindo o deslocamento de comunidades locais, especialmente indígenas e afro-colombianas. Um problema importante que as pessoas afetadas enfrentam é a extração e a contaminação da água. De acordo com sua licença ambiental, a mina de El Cerrejón pode extrair 25 litros de água por segundo do Rio Ranchería e utilizar 17 mil metros cúbicos de água por dia, apesar do déficit hídrico da região. Além disso, a contaminação da água pela atividade de mineração resultou na redução das atividades pesqueiras e agrícolas e em dificuldades para a criação de gado, o que provoca a perda dos meios de subsistência, a migração por necessidade e a desnutrição. A atividade de extração também gerou inúmeros derramamentos pela precipitação nos poços de mineração. Além da contaminação das águas superficiais, também há a contaminação das águas subterrâneas, assim como alterações dos ciclos hidrológicos.

A situação em La Guajira ilustra os graves efeitos da mineração na água, que tem sido sistematicamente considerada apenas como um recurso para atividades de extração, sem respeitar sua importância ambiental e social, inviabilizando sua relação com os valores e cosmovisões ancestrais das comunidades e das pessoas. A mina de El Cerrejón é propriedade das empresas transnacionais de carvão Glencore, BHP e AngloAmerican. Por sua vez, estas têm entre seus acionistas algumas das maiores financeiras do mundo. A BlackRock, maior empresa financeira do mundo (ver o quadro na p. 89), por exemplo, possui 5% das ações nas três empresas mencionadas.[15]

---

[15] A BlackRock possui 5,88% dos direitos de voto no Glencore (o que a transforma em terceira maior acionista), 5,46% na BHP, e 5,83 % na AngloAmerican (o que a situa como terceira maior acionista). Veja: Glencore. Annual Report 2018, p. 119. Disponível em:www.glencore.com/dam:jcr/b4e6815b-3a2c43ca-

PARA SABER MAIS

AMIGOS DE LA TIERRA AMÉRICA LATINA Y EL CARIBE. Estado del agua en América Latina y el Caribe. Amigos de la Tierra América Latina y el Caribe, 2016. Disponível em: http://atalc.org/wp-content/uploads/2017/03/Informe-del-agua-LQ.pdf.

Da privatização à financeirização do sistema hídrico na Inglaterra

Como em outros países, a privatização do sistema de fornecimento de água e saneamento da Inglaterra começou na década de 1980. Nos anos 1990, diferentes empresas estrangeiras, em especial empresas europeias e estadunidenses de infraestrutura, compraram uma quantidade significativa de ações de empresas de águas inglesas, o que provocou a concentração da propriedade das empresas de águas. Depois que as perspectivas para os novos proprietários começaram a se deteriorar devido a algumas medidas de regulamentação introduzidas pelo governo de esquerda, eles venderam suas ações, principalmente a investidores financeiros. Como resultado, desde o começo deste século, a maioria das nove empresas de águas da Inglaterra são controladas principalmente por empresas financeiras. Só três das que tinham sido privatizadas, a princípio, por meio do mercado de valores, continuam sendo negociadas na Bolsa de Londres. O resto é propriedade de entidades com fins especiais que foram criadas por investidores financeiros. Três delas estão

-a9ef-effe606bb3c1/glen-2018-annual-report--.pdf; BHP. 2019. Annual Report 2019, p. 310. Disponível em: www.bhp.com/-/media/documents/investors/annual-reports/2019/bhpannualreport2019.pdf e AngloAmerican. Integrated Annual Report 2018, p. 217. Disponível em: www.angloamerican.com/-/media/Files/A/Anglo-American-Group/PLC/investors/annual-reporting/2019/aa-annual-report-2018.pdf

registradas em um centro financeiro extraterritoriais (ver o item Lugares: centro financeiros...).

A financeirização das empresas de águas inglesas mudou fundamentalmente seus modelos de negócio e suas formas de operar. Em vez de investir uma parte dos lucros obtidos na manutenção a longo prazo da infraestrutura – um princípio chamado "manter e investir", considerado especialmente importante para a gestão de infraestruturas –, quase todos os lucros são distribuídos como dividendos aos acionistas. Como resultado, entre 2007 e 2016, mais de 96% dos 18,9 bilhões de libras esterlinas (aproximadamente 24 bilhões de US$) de lucros gerados pelas nove empresas foram distribuídos aos acionistas. Como os lucros são pagos como dividendos, a única opção para financiar os investimentos em infraestrutura é tomar empréstimos adicionais com financiamentos privados. Como consequência, os custos financeiros (ou seja, o pagamento dos empréstimos e tipos de juros) vão aumentando. Foram criadas estruturas empresariais complexas para poder aumentar os empréstimos e conseguir benefícios fiscais. Todos os fornecedores de água ingleses pagam quantidades muito reduzidas de impostos empresariais, apesar de seus lucros elevados.

Os lucros dos investidores financeiros são pagos pelas pessoas que arcam com preços elevados em troca de um serviço deficiente e apesar da deterioração da infraestrutura. Segundo as estimativas da Autoridade de Regulação dos Serviços de Águas da Inglaterra (Ofwat, na sigla em inglês), os custos elevados de capital das empresas de águas financeirizadas, em especial os pagamentos de dividendos a acionistas e de juros de empréstimos, representam cerca de 27% do preço pago pelos consumidores finais.

> **PARA SABER MAIS**
>
> GETZNER, M.; KÖHLER, Bettina; KRISH, Astrid; PLANK, Leonhard. Comparison of European Water Supply and Sanitation Systems. Final report (abridged version) Information on environmental policy, 197b. Vienna: Vienna Chamber of Labour, 2018. Disponível em: http://bit.ly/WaterSupplySystems

> **LEMBRE-SE**
>
> **ÁGUA NO MERCADO DE FUTUROS**
>
> O tratamento das águas residuais é uma parte importante dos serviços hídricos. O tratamento da água contaminada antes de sua eliminação ou reutilização é custoso e muitos Estados ou governos locais têm dificuldades de manter a infraestrutura de água. Além de privatizar esses serviços ou terceirizá-los para empresas privadas, as novas propostas sugerem criar mecanismos baseados no mercado. Acredita-se que os mercados de futuros de água forneçam uma plataforma na qual aqueles que geram águas residuais estariam vinculados àqueles que as tratam, assim como intermediários que vendem a água tratada àqueles que precisam dela, como indústrias, corporações do agronegócio ou governos. Em consequência, as águas residuais e as águas tratadas (procedentes de águas residuais) são mercantilizadas com o objetivo de desenvolver novos produtos financeiros que podem ser comercializados nos mercados financeiros.[1]
>
> [1] Varghese, Shiney. *Green Economy: Commoditization of the Commons, Institute for Agriculture & Trade Policy* (IATP). 2012. Disponível em: https://www.iatp.org/documents/green-economy-commoditization-commons

Precificar a natureza: a economia verde

Outra forma pela qual nossos territórios e comunidades são integrados aos mercados mundiais de capitais é por meio da redefinição da natureza como uma coleção de serviços ecossistêmicos padronizados, comparáveis e quantificáveis (que proporcionam alimentos, água e biodiversidade; regulam o clima; dão sustentação aos ciclos de nutrientes e à produção de oxigênio; trazem benefícios recreativos etc.). A ideia por trás disso é dar um valor econômico ou monetário à natureza, com base na suposição de que a principal razão pela qual as florestas, campos e outras áreas naturais são destruídas é que seu valor econômico é invisível. Os defensores dessa abordagem afirmam que designar valor econômico à natureza evitaria a destruição do meio ambiente, já que torna visível o custo econômico do desmatamento ou da contaminação. Essa transformação dos bens naturais e das funções ecossistêmicas em capital de investimento está no centro da chamada economia verde, que promete que o crescimento econômico, a produção e o consumo podem se dar dentro dos limites ecológicos do planeta. A economia verde está estreitamente vinculada com a "bioeconomia" conduzida pela indústria, que tem como objetivo substituir as matérias-primas fósseis por recursos biológicos (entre outros, os biocombustíveis e a biomassa produzidos por plantações de árvores).

Essa abordagem tornou possível a emergência de novos mercados e novos tipos de ativos financeiros, ou seja, de "oportunidades de investimento" para empresas e intermediários, com o apoio dos governos por meio da criação de uma regulamentação propícia. Dessa forma, foram criados dois mercados principais: 1) os mercados de compensação e 2) os mercados dos ecossistemas. Os "mercados de compensação" permitem às empresas destruir ou contaminar a natureza em um determinado lugar desde que elas paguem, em outro lugar, para compensar por esse dano, protegendo ou restaurando um serviço ecossistêmico de valor correspondente. Os mercados de carbono e as compensações de carbono são o exemplo mais conhecido, mas mais recentemente surgiram mercados de compensações da biodiversidade. Os programas/esquemas de Pagamento por

Serviços Ambientais (PES, também conhecidos como Pagamentos por Serviços Ecossistêmicos), em contrapartida, supostamente apoiam as metas de conservação da natureza. Um exemplo típico são os pagamentos aos proprietários de terras para conservar as matas ou campos em bacias hidrográficas importantes. O esquema de maior importância é o REDD+ (Redução de Emissões por Desmatamento e Degradação).

Em suma, por meio da economia verde, o capitalismo contemporâneo criou uma oportunidade para lucrar com as respostas às mudanças climáticas, a perda de biodiversidade e a degradação dos ecossistemas. Não surpreende que o comércio de "compensações" ou "créditos" tenha se transformado rapidamente em um alvo de especulação por parte das corporações financeiras.

As compensações de carbono vindas de Madagascar

A Air France financia o Programa de Conservação Holística para Florestas do Madagascar (HCPF, na sigla em inglês), um projeto destinado a lutar contra o desmatamento no país. A empresa afirma que se trata de uma contribuição para combater as mudanças climáticas. Em teoria, esse projeto deveria contribuir para preservar a biodiversidade, armazenar carbono e assegurar o "desenvolvimento humano sustentável". Contudo, as pessoas que vivem perto das áreas do projeto estão descobrindo que ele restringe seu acesso à terra. As organizações conservacionistas GoodPlanet e WWF Madagascar gerenciam o HCPF como um "programa de solidariedade ambiental". Em 2010, a Air France emitiu uma declaração na qual afirmava categoricamente que o projeto não era um programa de "compensação de carbono". Entretanto, dois anos e meio depois, a empresa admitiu que o HCPF geraria, sim, créditos de carbono. Contudo, insistiu que todos os lucros obtidos com esses créditos seriam destinados a comunidades locais. Um informe e um vídeo elaborados pela rede Friends of the Earth França demonstraram que isso não era verdade. De acordo com investigações realizadas por organizações da sociedade civil, o HCPF retira as populações locais das áreas florestais, o que acarreta o risco de deslocar forçosamente comunidades que, consequentemente, têm seus meios de vida ameaçados. Pessoas cuja subsistência depende do acesso às florestas e cujo impacto dificilmente contribui para a crise climática veem-se obrigadas a mudar seu modo de vida para permitir que uma pequena minoria de viajantes de primeira classe continue poluindo o planeta.

> **PARA SABER MAIS**
>
> KILL, Jutta. *Economic Valuation of nature*. The Price to Pay for conservation? A Critical Exploration. Brussels/Belgium: Rosa Luxemburg Stiftung, 2014. Disponível em: http://bit.ly/EconomicValuationOfNature.

O "financiamento inovador" para os seringais sustentáveis na Indonésia

A Indonésia tem a terceira maior área de florestas tropicais do planeta e foi um dos principais alvos dos projetos REDD+, com 35 atividades em 2014. Mais recentemente, novos "modelos de financiamento inovador" foram desenvolvidos com o objetivo declarado de combinar a proteção ao meio ambiente com as oportunidades de negócios.

Em fevereiro de 2018, o Programa das Nações Unidas para o Meio Ambiente (Pnuma) anunciou que um novo mecanismo financeiro tinha realizado sua primeira transação de US$ 95 milhões em apoio a um seringal de 88 mil hectares na Indonésia. A concessão da plantação é propriedade da PT Royal Lestari Utama (RLU), uma *joint venture* entre a Michelin, empresa transnacional baseada na França, e a empresa indonésia Barito Pacific Group. Segundo o Pnuma, os fundos darão respaldo à "produção climaticamente inteligente, que respeita a flora e a fauna silvestres, e socialmente inclusiva de borracha natural nas províncias de Jambi, Sumatra e Kalimatan Oriental".[16] Espera-se que o "investimento" detenha o desmatamento e crie 16 mil empregos com salários justos em áreas que formam uma zona tampão de proteção a um dos últimos lugares na Indonésia onde vivem elefantes, tigres e orangotangos.

O caso lança luz sobre as formas que uma série de agentes – privados e públicos – encontraram de criar novas oportunidades de investimento sob o lema da proteção ambiental e da realização dos ODS. O financiamento de US$ 95 milhões foi emitido pelo Instrumento de Financiamento dos Países Tropicais (Tropical Landscapes Finance Facility, TLFF), fundado pelo Pnuma, o Centro Mundial de Agrosilvicultura, o fundo gestor de investimentos com sede em Hong Kong ADM Capital e o banco transnacional BNP Paribas. O WWF é parceiro do TLFF, o assessora em matéria de conservação florestal e supervisiona o respeito às normas ambientais e sociais. O TLFF emite empréstimos que posteriormente são securitizados e vendidos a investidores financeiros. Para tornar esses títulos atraentes para os investidores, a Agência dos Estados Unidos para o Desenvolvimento Internacional (Usaid, na sigla em inglês) emitiu uma garantia para o financiamento por meio da TLFF. Graças ao apoio da Usaid, uma parte dos títulos pode

---

[16] Veja: www.unenvironment.org/newsand-stories/press-release/financing-natural-rubber-plantation-indonesia-promoting-sustainable

ser vendida a investidores com a qualificação triplo A da agência de classificação de crédito Moody's.[17] Depois do empréstimo inicial à RLU, outros US$ 23,75 milhões foram investidos em março de 2019 pelo &Green Fund, um fundo de financiamento combinado para o qual contribuem o governo da Noruega, a empresa de bens de consumo britânico-holandesa Unilever e o Fundo para o Meio Ambiente Mundial (FMAM).[18]

A restauração florestal se transforma em negócio no Brasil

Em 2012, o Brasil revisou seu Código Florestal. De acordo com a lei, os proprietários de terras têm que manter intacta uma porcentagem das matas presentes em suas terras. Segundo o antigo código, se os proprietários cortassem mais árvores do que o permitido pela lei, sem restaurar a mata, corriam o risco de serem multados. Sobretudo, a lei estipulava que eles perderiam acesso a linhas de créditos rurais. Embora a aplicação da lei fosse deficiente, os proprietários de terras corriam o risco de pagar mais pelos empréstimos. Como resultado, as taxas de desmatamento diminuíram significativamente quando a lei era aplicada e grandes latifundiários sentiram o custo da destruição ambiental ilegal. Então, os proprietários de terras e as empresas de agronegócio exerceram pressão para que o Código Florestal de 2012 introduzisse um "crédito de reserva ambiental" (Cotas de Reserva Ambiental, CRA). O crédito oferece ao proprietário de terras uma alternativa: em vez de restaurar uma mata cortada ilegalmente, ele pode comprar um CRA. O crédito representa a promessa de que alguém, em algum outro lugar, protegeu mais florestas do mesmo tipo que as exigidas pelo Código Florestal.

---

[17] Veja: www.euromoney.com/article/b19x6t4gd9fx25/impact-banking-tlff-a--rubber-revolution-takes-shape-in-indonesia?copyrightInfo=true

[18] Veja: www.regjeringen.no/contentassets/d5115c7e81a74efda8ff099960543405/press-releaserlu-green-tlff-final-embargoed-until8am-cet-06-march-2019.pdf

De acordo com esse sistema, essa declaração de proteção de áreas florestais além da exigência legal em outros lugares compensa o desmatamento excessivo cometido pelo comprador do CRA. Em outras palavras, esse sistema de crédito é uma forma de comprar o direito de destruir ecossistemas.

Os CRA agora estão sendo comercializados na Bolsa Verde do Rio de Janeiro, entre outros lugares. Em áreas onde os preços das terras são altos e as práticas destrutivas são lucrativas, esses créditos de restauração florestal permitem que os proprietários de terras continuem destruindo mais matas do que a lei permite. Exige-se apenas que o proprietário de terras compre CRAs suficientes para que sua destruição ecológica seja perfeitamente legalizada. Também é possível comprar CRAs de regiões em que a ameaça de desmatamento é muito menor ou inexistente.

MENSAGENS-CHAVE

- O sistema financeiro global está penetrando em nossos territórios de muitas maneiras. Os agentes financeiros criaram múltiplas formas distintas de extração de riqueza: diretas (como empresas de terras, exploração mineral ou corredores econômicos) e indiretas (como, por exemplo, conservação ou mercados de carbono) por meio das quais obtêm um controle da riqueza natural e dos bens comuns.
- O capital do sistema financeiro global tenta impor sua lógica de acumulação sobre a forma como as pessoas – camponeses e camponesas, comunidades pesqueiras, povos indígenas, populações rurais e urbanas – interagem com a natureza. Isso implica mudanças fundamentais na relação entre as pessoas e seus territórios.
- A concentração da riqueza e dos recursos naturais nas mãos de poucas empresas e "investidores" está se transformando em um problema de escala mundial.
- As diferentes formas de acumulação e extração de riqueza pelo capital financeiro global andam de mãos dadas com o aumento do uso da violência para permitir a desapropriação de recursos naturais e a repressão da resistência contra essa desapropriação.

PARA SABER MAIS

FRIENDS OF THE EARTH INTERNATIONAL. Financialization of Nature. Creating a new definition of nature. Amsterdam: Friends of the Earth International (FOEI), 2015. Disponível em: http://bit.ly/FinancializationOfNature

PERGUNTAS PARA O DEBATE

- Quais "projetos de desenvolvimento", "projetos ambientais" ou "projetos de mitigação de mudanças climáticas" estão atualmente em curso em seu país ou região?
- Quais agentes e políticas estão promovendo esses projetos?
- Quais agentes financeiros estão envolvidos, de forma aberta ou oculta?
- Que efeitos esses projetos têm sobre as pessoas e as comunidades?
- De que outra forma o capitalismo clandestino afeta você e/ou outras comunidades em seu país ou região?

4. COMO SE COMPORTA O CAPITALISMO CLANDESTINO?

Os exemplos apresentados no capítulo anterior mostraram as múltiplas formas adotadas pelo sistema financeiro global para tentar assumir o controle dos nossos territórios. Neste capítulo, explicaremos quem são os principais agentes do capitalismo clandestino, demonstraremos como opera o capitalismo clandestino e examinaremos os fatores que permitem que o sistema financeiro global penetre em todos os aspectos da economia e da vida.

Atores

Como vimos, uma manifestação do capitalismo clandestino é o fato de que cada vez é mais comum que os atores financeiros considerem a terra, a água e os bens naturais como opções atrativas de investimento. Em alguns casos esses atores são visíveis, mas, na maioria das vezes, os investidores e os fundos financeiros globais são invisíveis para as comunidades e povos locais. Isso se deve ao fato de que os investidores financeiros globais costumam atuar de forma remota e recorrem a uma complexa rede de intermediários, empresas e investidores internacionais, nacionais e locais para controlar nossos territórios (como, por exemplo, ladrões, golpistas, policiais, militares, paramilitares, ONGs conservacionistas, ONGs que trabalham em prol de interesses corporativos, escritórios de advocacia, empresas de contabilidade, pesquisadores, acadêmicos e autoridades corruptos). Eles costumam comprar ações de empresas que foram criadas, por exemplo, para acumular terras. Graças a esses mecanismos de participação acionária, eles não são considerados proprietários legais das terras, mas como "investidores", mesmo quando sua influência como acionistas lhes concede o controle efetivo da empresa que possui as terras e, em consequência, o controle destas. Esses mecanismos também permitem que eles se esquivem, por exemplo, das leis que limitam a propriedade estrangeira da terra. Também permitem que fujam da responsabilidade pela grilagem e "terceirizem" o processo de acumulação de terras para intermediários locais. Os atores financeiros utilizam estruturas complexas de investimento, ou redes de investimento, que envolvem vários atores, como filiais de empresas, para se distanciarem deliberadamente de todo tipo de prestação de contas de suas operações.

As comunidades e organizações que desejam saber quem financia os projetos de desenvolvimento ou de "investimento" em sua região, ou quem lucra com eles, têm de empreender um complicado processo de investigação. Além disso, atribuir a responsabilidade pelas violações e abusos dos direitos humanos a cada um dos atores envolvidos se transforma em um desafio substancial para elas, bem como para os sistemas judiciais existentes.

---

[1] Os dados foram tomados de fontes distintas em anos diferentes. Portanto, o número não reflete a situação exata na data de hoje. Contudo, isso não anula seu propósito, que é exemplificar as complexas redes de investimento envolvidas na acumulação de terras. Devido a percepções negativas, a filial da Feronia nas Ilhas Cayman entrou em processo voluntário de liquidação. A Feronia está agora registrada na Bélgica. Fonte: FIAN. O direito humano à terra. Documento de posição. 2017. Disponível em: www.fian.org/fileadmin/media/publications_2017/Reports_and_Guidelines/FIAN_Position_paper_on_the_Human_Right_to_ Land_en_061117web.pdf Último acesso em 24 fev. 2023.

4. COMO SE COMPORTA O CAPITALISMO CLANDESTINO?

GRÁFICO 2 - REDE DE INVESTIMENTO DE UM PROJETO DE AGRONEGÓCIO NA REPÚBLICA DEMOCRÁTICA DO CONGO[1]

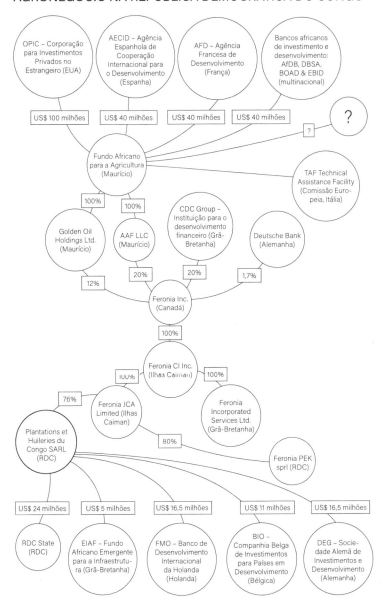

Fundos de pensão

Os ativos globais dos planos de pensão chegam a US$ 47 trilhões, com dois terços dessa quantidade investida a partir dos EUA.[19] Mas esses planos também foram promovidos na Europa continental, onde estão aumentando os sistemas privados de pensões (veja o quadro na p. 27). A busca de diversificação das carteiras e receitas em ambientes com juros baixos fez com que esses planos de pensão entrassem cada vez mais em investimentos em terras. A enorme quantidade de dinheiro gerida por esses fundos os transforma nos atores de mais peso do sistema financeiro global, e qualquer movimento de sua parte gera enormes distúrbios. Em vários casos, os fundos de pensão criaram ou investiram em fundos que adquirem terras agrícolas e outros "ativos". Embora os fundos de pensão afirmem com frequência que seus investimentos são de longo prazo e que, por isso, não participam de atividades especulativas, esses fundos alimentam a acumulação de terras e se beneficiam diretamente do aumento dos preços da terra e da habitação, por exemplo.

PARA SABER MAIS

GRAIN. *The Global Farmland Grab by Pension Funds Needs to Stop.* Barcelona/Spain: Grain, 2018. Disponível em: http://bit.ly/LandGrabPensionFunds

---

[19] Veja: Willis Towers Watson. Global Pension Assets Study 2020. 2020. Disponível em: www.thinkingaheadinstitute.org/-/media/TAI/Pdf/Research-Ideas/a_public/GPAS_2020.pdf

Corporações (transnacionais)

Uma manifestação da financeirização da economia é o fato de que as empresas que tradicionalmente se concentravam na produção participam cada vez mais de atividades financeiras. É cada vez mais frequente que as empresas do agronegócio, ou seja, aquelas diretamente envolvidas na produção, na transformação e no comércio de produtos agrícolas básicos, transformem-se cada vez mais em atores financeiros globais. Muitos hoje possuem suas próprias agências financeiras, que investem em todos os tipos de produtos financeiros. Um exemplo disso é a agroindústria brasileira Schneider Logemann Company (SLC), cuja filial SLC Agrícola é um dos principais produtores de soja do país, enquanto a filial SLC Land Co. transformou-se em um ator importante no negócio das terras. A SLC controla quase meio milhão de hectares de terras no Brasil. Em 2015, a SLC gerou pela primeira vez mais lucros por meio da compra e venda de terras agrícolas do que mediante seu negócio histórico principal com a soja.[20]

Ao mesmo tempo, a maioria das corporações está fortemente dominada por estruturas acionárias. Em consequência, os atores financeiros têm muita influência nas operações dessas corporações. Por exemplo, a empresa transnacional de agronegócio Olam International, que administra três milhões de hectares de terras em todo o mundo, é em grande parte propriedade da investidora financeira Temasek Holdings. Essa empresa, com sede em Cingapura, descreve os "serviços financeiros de *commodities*" como um de seus cinco segmentos empresariais.[21]

---

[20] Veja: Rede Social de Justiça e Direitos Humanos. 2018. Imobiliárias agrícolas transnacionais e a especulação com terras na região do Matopiba. Disponível em: www.social.org/images/MATOPIBA.pdf

[21] Olam International. 2019. Corporate Factsheet 2019. Disponível em inglês em: www.thinkingaheadinstitute.org/-/media/TAI/Pdf/Research-Ideas/a_public/GPAS_2020.pdf

Bancos

Existem dois tipos principais de bancos: os bancos de investimento e os bancos comerciais. Normalmente, uma mesma corporação financeira multinacional costuma ter uma filial de banco de investimento e outra de banco comercial. Os bancos comerciais são importantes atores financeiros. De fato, muitos dos maiores agentes financeiros do mundo são bancos. Em primeiro lugar, são importantes credores que fornecem capital às empresas para realizarem suas operações, por exemplo, mediante empréstimos e créditos. Como o dinheiro que emprestam será devolvido com juros e taxas, os bancos se beneficiam diretamente dessas operações. Em segundo lugar, os bancos também gerem ativos e atuam como investidores, comprando ações de empresas etc. Em terceiro lugar, os bancos são importantes intermediários que permitem que o sistema financeiro opere (ver o quadro na p. 23).

Os bancos de investimento realizam ofertas públicas iniciais quando uma empresa abre o capital e vendem ações na bolsa de valores. Eles também compram, vendem e especulam com títulos, ações e outros instrumentos financeiros. Alguns também operam fundos de gestão de ativos.

Sociedades de gestão de ativos

As sociedades de gestão de ativos tomam o capital dos investidores (indivíduos, empresas ou investidores institucionais, como os fundos de pensão) e o colocam em investimentos diversos, entre eles ações, títulos, bens imóveis, capital de risco e outros. As dez principais empresas privadas de investimento ficam nos EUA e na Europa, em especial no Reino Unido. Juntas, elas possuem 22,3 trilhões de euros. Em apenas quatro anos, o capital que elas administram

O TOP 10[1] DE COMPANHIAS ADMINISTRADORAS DE RECURSOS FINANCEIROS (EM TRILHÕES DE EUROS)

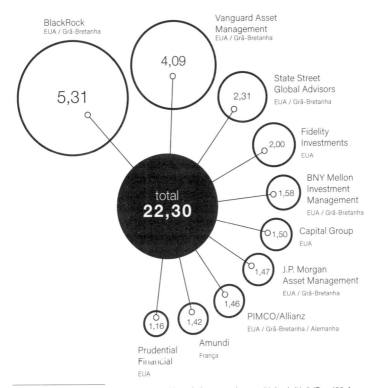

1 IPE. The top 400 asset managers. 2019. Disponível em: www.ipe.com/Uploads/j/e/b/Top-400-Asset-Managers-2019.pdf

aumentou cerca de 60%.[22] As sociedades de gestão de ativos também são importantes acionistas de muitas das maiores empresas do mundo (ver esquema nesta página). Costumam atuar como "investidores ativos": como normalmente são

---

[22] IPE. 2015. The top 400 asset managers. Disponível em inglês em: https://hub.ipe.com/top-400/top-400-2015-503trn-at-a-glance/10010743.article IPE 2018. The top 400 asset managers. Disponível em inglês em: www.ipe.com/Uploads/k/x/x/Top-400- Ranking.pdf

recompensadas em função dos resultados de seus investimentos, têm fortes incentivos para impulsionar as empresas nas quais investem para obter mais lucros.[23]

LEMBRE-SE

BLACKROCK
A maior empresa de investimentos do mundo

A BlackRock é uma corporação global de gestão de investimentos com sede em Nova York. Fundada em 1988, inicialmente como administradora de riscos e ativos institucionais de renda fixa, a BlackRock é, atualmente, a maior empresa de gestão de ativos do mundo, com US$ 5,31 trilhões em ativos sob sua gestão em 2018. A BlackRock opera mundialmente, com 70 escritórios em 30 países, e tem clientes em 100 países. A empresa aumentou consideravelmente seu poder durante a crise financeira de 2008, quando o governo dos Estados Unidos a encarregou de avaliar a saúde de vários grandes bancos e seguros e de gerir seu resgate. Desde então, a BlackRock vem avaliando os riscos das empresas financeiras e atua como auditora em nome de países como Irlanda e Grécia.[1]

A BlackRock é também uma das principais acionistas de empresas agrícolas, de habitação, energia, mineração e outras ao redor do mundo, e seus diretores fazem parte dos conselhos administrativos de várias grandes organizações de conservação ambiental. Devido a seu poder e à magnitude e ao alcance de seus ativos e atividades financeiras, a BlackRock foi denominada o maior banco paralelo (*shadow bank*) do mundo.[2]

---

[1] Pouille, Jordan. Blackrock: The financial leviathan that bears down on Europe's decisions. 2019. Disponível em: www.investigate-europe.eu/publications/blackrock-the-financial-leviathan
[2] https://en.wikipedia.org/wiki/BlackRock

---

[23] Veja: Jennifer Clapp. *Bigger is Not Always Better: Drivers and Implications of the Recent Agribusiness Megamergers.* 2017. Disponível em: http://bit.ly/BiggerNotAlwaysBetter

Os super-ricos e as empresas que gerem grandes patrimônios

Em 2018, 265.490 pessoas acumulavam uma riqueza de US$ 32,3 trilhões.[24] Esses super-ricos costumam ter suas próprias empresas privadas para gerir seu capital. Esses gestores de grandes patrimônios proliferaram rapidamente durante os últimos anos. Suas atividades estão provavelmente entre as mais ocultas do setor financeiro. Os gestores de grandes patrimônios investiram, por exemplo, no AATIF com o objetivo de obter lucros com as atividades deste fundo de investimentos registradas com a finalidade de contribuir para a "redução da pobreza" (ver o quadro na p. 40). Uma vez que os investidores estão convencidos dos possíveis lucros, os mecanismos criados para canalizar o capital são diversos e merecem um escrutínio mais profundo. Entre os exemplos, estão os títulos azuis ou a Instituição Financeira para a Recuperação dos Ecossistemas Marinhos do WWF.

International Finance Institutions (Ifis) e Development Finance Institutions (DFIS)

Em comparação com os atores mencionados até agora, o volume financeiro dos bancos de desenvolvimento (por exemplo, o DEG alemão, o FMO holandês, o Banco Mundial ou os bancos regionais de desenvolvimento) e dos fundos de desenvolvimento (por exemplo, AATIF, Norfund ou a Sociedade de Gestão de Ativos da CFI do Banco Mundial) é relativamente pequeno.

No entanto, esses atores foram se embrenhando cada vez mais nos mercados financeiros mundiais e fazem parte de-

---

[24] Wealth-x. Ultra Wealthy Population Analysis: The World Ultra Wealth Report 2019. 2019. Disponível em: www.wealthx.com/report/world-ultra-wealth-report-2019

les. Por exemplo, enquanto a parte do dinheiro tomado do mercado de capitais pela instituição oficial alemã de ajuda ao desenvolvimento foi de 2% em 2006 (160 milhões de euros), em 2015 essa quantia saltou para 25% (4 bilhões de euros).[25] Além disso, esses atores são importantes acionistas em muitas PPP. Devido a seus compromissos geralmente de longo prazo (motivo pelo qual às vezes são chamadas de "investidores âncora"), são relevantes para a cobertura de riscos e para conferir uma reputação positiva, levando seus conhecimentos especializados e seus contatos aos países do Sul Global. Todas essas são características que outros atores financeiros não podem oferecer facilmente, mas desejam.

As instituições financeiras internacionais e as instituições financeiras de desenvolvimento experimentaram uma escalada de seus negócios nos últimos anos e há previsão de que os volumes de investimento, que têm fins lucrativos, superem a ajuda oficial ao desenvolvimento em 2020.[26] A carteira das instituições financeiras de desenvolvimento europeias passou de 10,9 bilhões de euros em 2005 para 41,2 bilhões de euros em 2018.[27] A escalada das instituições financeiras de desenvolvimento e seu envolvimento com o agronegócio e a acumulação de terras são uma boa ilustração de como a lógica das finanças penetrou em diversos setores, nesse caso na cooperação para o desenvolvimento. Vários exemplos mostram que, por meio de suas atividades, as instituições financeiras de desenvolvimento estão atuando cada vez mais como qualquer outro investidor financeiro, apesar de seu compromisso público de contribuir

---

[25] BMZ. Mittelherkunft der Bi- und Multilateralen ODA 2015-2016. 2018.
[26] Center for Strategic and International Studies (CSIS). Development Finance Institutions Come of Age. 2016. Disponível em: https://csis-prod.s3.amazonaws.com/s3fs-public/publication/161021_Savoy_DFI_Web_Rev.pdf
[27] Veja: www.edfi.eu/members/facts-figures

com as políticas de cooperação para o desenvolvimento dos Estados ou a cooperação multilateral. Também é importante destacar o aumento dos investimentos das instituições financeiras de desenvolvimento em instituições financeiras, como parte de uma abordagem que considera o setor financeiro privado como um ator de desenvolvimento e o respalda com recursos públicos. Algumas instituições financeiras de desenvolvimento europeias investem cerca da metade do total de suas carteiras em intermediários financeiros (como bancos e instituições de microfinanciamento). Sob a bandeira da "inclusão financeira", os organismos de cooperação para o desenvolvimento também se transformaram em agentes fundamentais para facilitar o acesso das populações pobres e rurais às indústrias financeiras. Um de seus pilares fundamentais, a indústria do microcrédito, requer terrenos privados e transferíveis para as respectivas hipotecas (ver o quadro na p. 94). Os microsseguros, entre eles os seguros agrícolas e de cultivos para os pequenos agricultores, são outro setor que recebe cada vez mais apoio dos agentes de cooperação para o desenvolvimento.

Como demonstram vários exemplos neste livro, as instituições financeiras internacionais foram importantes propulsoras das políticas de privatização, que abrem o caminho para as empresas e os agentes financeiros. O Banco Mundial, por exemplo, vem promovendo há muito tempo a formalização dos direitos sobre a terra mediante títulos individuais de propriedade, que em muitos casos ocasionaram a perda de terras de cultivo por parte da população rural. O Banco Mundial e os bancos regionais de desenvolvimento também são importantes financiadores de grandes projetos de infraestrutura, e promovem a privatização dos serviços públicos, assim como as associações entre o setor público e o privado. As instituições financeiras internacionais costumam condicionar seus empréstimos aos governos à adoção de medidas políticas favoráveis aos investidores, em vez de proteger os direitos das pessoas e das comunidades. Com uma iniciativa denominada "Facilitar o negócio da agricultura", o Banco Mundial criou um conjunto de indicadores para avaliar e classificar os países segundo seu grau de abertura aos investidores.[28]

Mais recentemente, as instituições financeiras internacionais e as instituições financeiras de desenvolvimento criaram suas próprias sociedades de gestão de ativos. Trata-se dos denominados fundos de desenvolvimento, ou seja, fundos de investimento e de capital social que, teoricamente, permitirão a redução da pobreza e o desenvolvimento. O Banco Mundial criou sua própria empresa para gerir esses fundos. Formada em 2009, a IFC Asset Management Company administra atualmente 10 bilhões de US$ por meio de 13 fundos.[29]

LEMBRE-SE

"INCLUSÃO FINANCEIRA" E MICROCRÉDITOS LEVAM À DESAPROPRIAÇÃO NO CAMBOJA

Os microcréditos se transformaram em um elemento central do discurso de desenvolvimento e dos conjuntos de ferramentas dos organismos de desenvolvimento desde a década de 1990. Seus defensores argumentam que empoderam as pessoas pobres ao proporcionar-lhes acesso ao capital, o que permite que elas se transformem em pequenos empreendedores. Na realidade, as microfinanças são a abordagem do capitalismo financeiro para lutar contra a pobreza, ou melhor, para transformá-la em uma fonte de lucro. Em vez de acabar com a pobreza, as microfinanças criam uma forma nova e mais financeirizada de pobreza, extraindo recursos substanciais das pessoas pobres e criando novas formas de desapropriação. Isso se exacerbou desde que o setor das mi-

---

[28] Veja: Oakland Institute. The Highest Bidder Takes It All: The World Bank's Scheme to Privatize the Commons. 2018. Disponível em: www.oaklandinstitute.org/highest-bidder-takes-all-world-banks-scheme-privatize-commons

[29] Veja: www.ifcamc.org

crofinanças sem fins lucrativos foi comercializado e se transformou na indústria da inclusão financeira mundial atual.[1] O Camboja é o país mais pobre do Sudeste Asiático e se transformou no quarto maior mercado de microfinanças do mundo. Em 2017, as sete maiores instituições de microfinanças do Camboja geraram juntas mais de US$ 130 milhões de lucro. Esses lucros foram gerados à custa das populações rurais, convencidas a contratarem microcréditos. Com o objetivo de ter acesso a empréstimos, pelo menos um milhão de pessoas se viram obrigadas a dar suas terras e casas como garantia para conseguirem empréstimos de instituições de microfinanças. A dívida dessas pessoas com as instituições de microfinanças provoca abusos de direitos humanos, como vendas coercitivas de terras, trabalho infantil, migração forçada e insegurança alimentar e desnutrição. Para pagar seus empréstimos, as pessoas pobres do meio rural vendem suas terras, tanto as agrícolas produtivas como suas casas. A venda de terras costuma ocorrer depois que as pessoas são pressionadas por instituições de microfinanças ou autoridades locais e ameaçadas de ações legais. As pessoas levam a sério essas ameaças porque as instituições de microfinanças tomam posse fisicamente de seu título de terras. Muitos cambojanos das zonas rurais, desesperados, tomam mais dinheiro emprestado para pagar seus empréstimos, o que os prende em um ciclo de dívidas.[2]

Dessa forma, a "inclusão financeira" arrasta algumas das pessoas mais pobres para os mercados financeiros mundiais e extrai milhões de dólares de comunidades rurais e urbanas. O modelo empresarial da indústria da inclusão financeira depende do desespero das pessoas, de regulamentações frouxas e da cumplicidade generalizada das autoridades locais. Ele também criou seus próprios marcos de autorregulamentação, como a campanha Smart.[3] A maioria das grandes instituições de microfinanças do Camboja recebe apoio ou são propriedade de bancos estrangeiros, empresas de investimento e organismos de desenvolvimento ocidentais, assim como de instituições financeiras internacionais.

---

[1] Mader, P. Microfinanced landgrabs and abuses are no surprise. 2019. Disponível em: www.ids.ac.uk/opinions/microfinanced-land-grabs-and-abuses-in-cambodia-are-no-surprise
[2] LICADHO/Sahmakum Teang Tnaut. 2019. Collateral Damage. Land loss and abuses in Cambodia's microfinance sector. Disponível em: http://bit.ly/CollateralDamageCambodia
[3] Veja: www.smartcampaign.org

> **PARA SABER MAIS**
>
> LICADHO/SAHMAKUM TEANG TNAUT. *Collateral Damage.* Land loss and abuses in Cambodia's microfinance sector. Phnom Penh, Cambodia: Licadho/ Sahmakum Teang Tnaut, 2019. Disponível em: http://bit.ly/CollateralDamageCambodia

Companhias de seguros

As companhias de seguros são "instituições financeiras não bancárias" que vendem instrumentos e apólices que dão proteção contra diferentes riscos. Os seguros são outra forma de extrair riqueza dos territórios. Um exemplo são os seguros agrícolas (ou seguros de colheita), que são considerados um "mercado emergente" fundamental no mundo dos seguros financeiros. Mediante esses planos de seguros, um agricultor, um proprietário de terras ou uma empresa do agronegócio paga à seguradora um prêmio com base nos hectares que cultiva. No caso da perda de safras, por exemplo, devido a secas, pragas ou incêndios, a seguradora paga uma quantidade acordada de dinheiro para compensar (em parte) as perdas. O mercado dos seguros foi o setor que cresceu mais rápido no agronegócio nos últimos cinco anos, com uma taxa de crescimento anual de 20%.[30] Até pouco tempo atrás, era raro estabelecer o vínculo entre a grilagem, a extração financeira e a indústria dos seguros. Por exemplo, o agricultor brasileiro Cezar Franco Neto produz soja na fazenda Santa Cecília. A fazenda se encontra no território indígena de Guyraroká. Sua produção está segurada pela Allianz Seguros S.A., uma filial da seguradora transnacional

---

[30] HighQuest Partners LLC. Key Fundamentals Driving Investor Interest in Global Agriculture. Apresentação realizada na Conferência mundial sobre o investimento agrícola do Oriente Médio em 2014.

Allianz SE, com sede na Alemanha.[31] Por meio do seguro, a Allianz extrai riqueza do território indígena no Brasil por meio dos prêmios pagos pelo agricultor. De maneira geral, no Brasil, os seguros agrícolas foram promovidos mediante um enorme programa de subsídios estatais, o que fez com que a cobertura de seguros alcançasse 10 milhões de hectares em 2014, dos quais um terço se destinava à produção de soja.[32] Isso provoca importantes transferências de capital a companhias de seguros por todo o mundo (por exemplo, em 2014, as companhias de seguros geraram cerca de US$ 400 milhões apenas no Brasil).

Grupos conservacionistas

Organizações como a Conservation International, The Nature Conservancy, WWF, Wildlife Conservation Society e Flora and Fauna International participam de inúmeros projetos florestais de carbono e de projetos de "compensação da biodiversidade" (ver o capítulo 3 para mais exemplos). Elas também promovem ativamente diferentes programas de "compensação" como uma forma de pagamentos por serviços ambientais que é lucrativa e benéfica para as empresas.[33] Assim, estão ativamente envolvidas na reconfiguração da natureza como um conjunto de ativos para investimento que podem ser comercializados nos mercados. O fato de que vários grupos de conservação tenham representantes de grandes empresas financeiras em seus conselhos é ilustrativo de seus vínculos com as finanças mundiais. Por exemplo, as orga-

---

[31] Resultados preliminares da pesquisa realizada pela Repórter Brasil, encomendada pela FIAN International (novembro de 2017).
[32] Ao todo, o Ministério subsidiou as seguradoras com US$ 218 milhões em 2014. Veja: Ministério de Agricultura, Pecuária e Abastecimento do Brasil. 2016. Agricultural Risk Management in Brazil.
[33] Kill, Jutta. *Economic Valuation of nature. The Price to Pay for conservation? A Critical Exploration*. 2014.

nizações Flora and Fauna e Rare têm gerentes da BlackRock em seus conselhos.[34] E vice-versa: muitas instituições financeiras de desenvolvimento têm grupos de conservação em seus conselhos (por exemplo, a DEG alemã tem o WWF em seu conselho).[35]

Lugares: centros financeiros extraterritoriais, paraísos fiscais e centros bancários paralelos

Ao longo do último século, alguns países e cidades evoluíram como lugares especializados em atividades e serviços financeiros. Eles costumam atrair empresas e atores financeiros, pois oferecem impostos extremamente baixos, grande sigilo financeiro e a capacidade de prestar serviços financeiros altamente especializados. Grandes somas de dinheiro são canalizadas por meio desses centros financeiros globais. Embora os principais atores do capitalismo clandestino não estejam necessariamente baseados nesses lugares, frequentemente operam por meio deles.

Os centros financeiros extraterritoriais (CFE) são um elemento central do capitalismo financeiro. O FMI os define como "um país ou jurisdição que proporciona serviços financeiros a não residentes em uma escala desproporcional em relação ao tamanho e o financiamento de sua economia nacional".[36] Embora o termo "extraterritorial" possa levar a pensar em algum exótico país insular, significa que esses lugares oferecem uma legislação especial que é especialmente favorável para indivíduos, empresas e instituições que querem realizar atividades financeiras. Vários desses centros não são lugares longínquos: por exemplo, o estado de Delaware, nos EUA, e a City, de

---

[34] Veja: www.fauna-flora.org/people e https://rare.org/we-are-rare
[35] Veja: www.deginvest.de/Internationale-Finanzierung/DEG/Über-uns/Werwir--sind/Aufsichtsrat
[36] www.imf.org/external/pubs/ft/wp/2007/wp0787.pdf

Londres, são CFEs. Dependendo da definição, até 100 jurisdições em todo o mundo podem ser classificadas como CFEs. Os CFEs funcionam como paraísos fiscais ou jurisdições que aplicam o sigilo financeiro, ou seja, exigem muito pouca ou nenhuma informação e transparência sobre as transações financeiras. Os CFEs também são utilizados como plataformas para, entre outras coisas, adquirir dívidas, estruturar fundos, formar empresas e "proteger" os investimentos do escrutínio público, entre outros. Dado que os CFEs utilizam cada vez mais estratégias de nicho, suas subcategorias são ainda mais específicas: enquanto alguns se especializam em oferecer sigilo e proteção da riqueza para ocultar fundos ilícitos, outros satisfazem corporações e bancos que buscam organizar fluxos financeiros globais. Apesar dessas diferenças, o fato essencial é que as finanças extraterritoriais, em última instância, constituem um espaço integrado em âmbito global que opera fora do controle de qualquer Estado. Em outras palavras, os CFEs permitem ao capital global deslocar-se por meio de redes de sigilo integradas globalmente sem nenhuma forma de regulação pública.

Duas cifras ilustram a importância dos CFEs e dos paraísos fiscais para o capitalismo clandestino:[37]

– Pelo menos 30% de todo investimento estrangeiro direto e cerca de 50% de todo o comércio são canalizados por meio de paraísos fiscais.

– Um sexto de toda a riqueza privada mundial está escondido em paraísos fiscais.

Cabe mencionar que as instituições financeiras de desenvolvimento (ver o item anterior), que normalmente têm um mandato público e operam, ao menos em parte, com fundos públicos, também atuam mediante CFEs e paraísos fiscais.

---

[37] http://longreads.tni.org/state-ofpower-2019/geography-of-financial-power

GEOGRAFIA DO PODER FINANCEIRO:
MAIORES CENTROS FINANCEIROS DO MUNDO
(Com base em sua participação no mercado global de serviços financeiros extraterritoriais)[1]

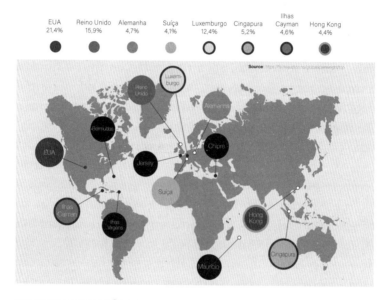

MAIORES PARAÍSOS FISCAIS DO MUNDO

Estima-se que entre US$ 21 e 32 trilhões estejam armazenados em centros financeiros extraterritoriais (dados de 2010.) As perdas fiscais globais desses rendimentos e a riqueza perdida é calculada em US$ 500 bilhões por ano.

Ativos estrangeiros (em bilhões de dólares)

Luxemburgo: $5,513
Ilhas Cayman: $4,173
Hong Kong: $2,065
Ilhas Virgens Britânicas: $1,777
Jersey: $681
Chipre: $350
Bermudas: $1,033
Maurício: $170

CFEs são paraísos fiscais que atraem e retêm capital estrangeiro
Fonte: https://longreads.tni.org/state-of-power-2019/geography-of-financial-power/

---

[1] Veja: https://fsi.taxjustice.no/globalscaleweight/top

Por exemplo, a empresa de agronegócio Feronia, cuja maior parte é de propriedade de diferentes instituições financeiras de desenvolvimento europeias, até pouco tempo estava sediada nas Ilhas Cayman. Outro exemplo é o AATIF, que tem sua sede em Luxemburgo (ver o capítulo 3). De fato, o Ministério de Cooperação para o Desenvolvimento da Alemanha estabeleceu esse fundo em Luxemburgo porque não teria sido considerado legal na Alemanha.

Outro elemento fundamental do capitalismo clandestino é o sistema de bancos paralelos (*shadow banks*), formado por instituições financeiras que desempenham funções similares às dos bancos (por exemplo, conceder créditos), mas estão fora do sistema regulatório dos bancos formais. Como resultado, levantam e emprestam dinheiro com maior facilidade, mas com riscos consideráveis. Os bancos paralelos estão concentrados em poucos países. Do total, 75% dos ativos do sistema de *shadow banking* estão em apenas cinco países, a saber: EUA (31%), China (16%), Ilhas Cayman (10%), Luxemburgo (7%), Japão (6%) e Irlanda (5%).[38] Da mesma forma que os CFEs e os paraísos fiscais, esses centros bancários paralelos asseguram o fluxo de capital financeiro sem nenhuma forma de controle público ou regulamentação. O sistema de *shadow banking* adquiriu o mesmo tamanho que o sistema bancário "normal" – mais ou menos – regulamentado. O fato de que seja utilizado para acordos entre bancos comerciais mostra que o sistema bancário paralelo está estreitamente inter-relacionado com o sistema financeiro "normal".

---

[38] http://longreads.tni.org/state-ofpower-2019/geography-of-financial-power

RECURSOS FINANCEIROS GLOBAIS

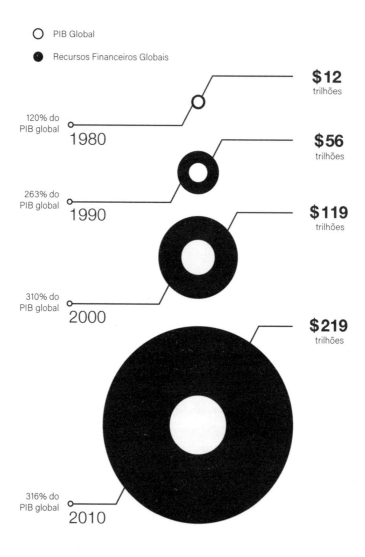

Fonte: www.tni.org/en/publication/financialisation-a-primer

PARA SABER MAIS

HENDRIKSE, Reijer and FERNANDEZ, Rodrigo. Offshore Finance. How Capital Rules the World. *In*: TNI. *State of Power 2019*. 2019. Disponível em: www.tni.org/en/stateofpower2019.
"THE SPIDER'S WEB: BRITAIN'S SECOND EMPIRE", Michael Oswald (dir.), Patreon Independent Documentary (80 min.), Londres, 2017. [Documentário que mostra como a Grã-Bretanha se transformou de uma potência colonial em uma potência financeira global.] Disponível em: www.youtube.com/watch?v=np_ylvc8Zj8&-t=750s.

Políticas

Como vimos no capítulo 2, a desregulamentação dos mercados financeiros foi um dos principais motores para que o capitalismo clandestino aumentasse seu tamanho e poder. Atualmente, várias instituições e políticas contribuem para criar um ambiente no qual o sistema financeiro global pode operar e tomar o controle sobre os bens comuns.

Em âmbito nacional, vemos que os governos e os parlamentos estão desregulando a legislação em matéria de comércio e investimentos e as legislações que regem, entre outras coisas, a terra, a agricultura, as florestas, os oceanos e a pesca, a proteção do meio ambiente, a habitação, os serviços públicos, a energia, o transporte e outras questões relacionadas com infraestrutura. Vemos que os centros e organismos de investimento promovem e facilitam todo tipo de "investimentos" privados e especulação, incluindo agricultura, mineração, turismo etc. A função das instituições financeiras públicas, que devem regular e monitorar as transações financeiras, ganha força com a expansão das operações empresariais de atores financeiros privados em novos âmbitos. Em muitos casos, essas instituições atuam como facilitadoras do capitalismo financeiro. Um exemplo é a Direção-

-Geral de Estabilidade Financeira, Serviços Financeiros e União dos Mercados de Capitais (DG Fisma, na sigla em inglês)[39] da Comissão Europeia, que iniciou procedimentos contra vários Estados membros da UE que aprovaram leis que regulam os mercados de terras e limitam a propriedade da terra por parte de corporações e/ou estrangeiros. A DG Fisma afirma que os Estados membros da UE devem assegurar, antes de tudo, a livre circulação de capital dentro da UE, que é um dos princípios básicos da União.[40] Em outros casos, os ministérios responsáveis pela supervisão dos atores financeiros, como os fundos de pensão, não monitoram adequadamente as operações desses atores, tampouco asseguram uma regulamentação apropriada.

LEMBRE-SE

CAPITALISMO CLANDESTINO E AUTORITARISMO: A REPRESSÃO DAS LUTAS SOCIAIS

A expansão do capitalismo financeiro em nossos territórios foi acompanhada de um aumento da violência contra nossas comunidades, assim como da criminalização e da repressão de lutas sociais em defesa dos direitos humanos e dos bens comuns. Forças estatais, grupos paramilitares ou empresas de "segurança" privada cometem atos de violência para permitir a extração de riqueza por atores corporativos e "investidores". Governos autoritários, que estão em ascensão em todas as regiões do mundo, adotaram discursos, políticas e práticas que justificam e, em última instância, incitam a violência contra movimentos sociais e grupos marginalizados. Ao mesmo tempo, desmantelam as legislações e instituições existentes que outorgavam certo nível de proteção às comunidades e impõem medidas que permitem mais extração e acumulação de riqueza pelos ricos e poderosos.

Nas próximas seções, descreveremos brevemente algumas medidas, mecanismos e práticas fundamentais que permitem ao sistema financeiro global extrair e acumular riqueza.

---

[39] As direções gerais são como ministérios dentro da Comissão Europeia.
[40] http://europa.eu/rapid/press-release_IP-16-1827_en.htm?locale=EN

Em âmbito internacional, como observamos no capítulo anterior, as instituições financeiras internacionais, entre elas os bancos de desenvolvimento, têm desempenhado uma função importante para abrir caminho para a entrada do sistema financeiro global em nossos territórios.

Políticas monetárias e fiscais

Pressionados pelas instituições financeiras internacionais e por suas próprias elites, Estados de todo o mundo adotaram políticas favoráveis ao sistema financeiro. Uma delas foi a aplicação de políticas de taxas de juros zero por parte dos bancos centrais, que levaram à criação de uma liquidez sem precedentes (ou seja, dinheiro disponível). Vários Estados, entre eles os EUA e a UE, introduziram políticas de juros zero após a crise financeira de 2007-2008. O principal argumento foi que o acesso a créditos baratos é um fator importante para incentivar os investimentos e a atividade econômica, resultando, entre outras coisas, na geração de empregos. Contudo, há controvérsias sobre se essas políticas serviram para alcançar esse objetivo. O que está claro é que elas resultaram em um estímulo aos mercados financeiros. Os juros baixos fazem com que os bancos ganhem cada vez menos com suas atividades tradicionais de empréstimos e que se vejam incentivados a realizar operações mais arriscadas. De maneira mais geral, os investidores financeiros buscam instrumentos e ativos que prometem maiores rendimentos. Em consequência, o sistema financeiro global utilizou a liquidez criada por essas políticas para "ganhar mais dinheiro com o dinheiro", em particular, por meio da especulação a curto prazo com derivativos, em busca de rendimentos financeiros rápidos.

Os Estados também adotaram políticas fiscais que estabelecem impostos baixos às transações financeiras e reduziram a tributação das riquezas e dos ganhos de capital. Está claro que essas medidas estimularam ainda mais o capitalismo financeiro e intensificaram a concentração de riqueza nas mãos de uma pequena elite global.

Fortalecimento dos mercados de derivativos

Os vínculos entre os atores financeiros, por um lado, e a produção e o comércio, por outro, existem há séculos. Contudo, no contexto das políticas neoliberais de desregulação dos mercados, as regulamentações existentes que tinham sido criadas para impedir, ou pelo menos limitar, a manipulação do mercado, as variações bruscas dos preços e a especulação foram desmanteladas desde as décadas de 1980 e 1990. Isso afetou, por exemplo, o mercado de *commodities* agrícolas e o mercado imobiliário. Como consequência, os bancos e outros atores do sistema financeiro global começaram a negociar com derivativos de *commodities* agrícolas e bens imobiliários. Neste período, os bancos passaram a vender fundos de *commodities* indexados, um tipo de derivativo financeiro que se tornou bastante comum. Esses instrumentos financeiros seguem as mudanças de preços de diversos tipos de produtos básicos e permitem que os investidores financeiros especulem nos mercados de *commodities* sem realmente ter que comprá-las.

Em relação ao mercado imobiliário, a ausência de um índice amplamente aceito para o valor dos bens imobiliários que pudesse servir de base de referência para um mercado de derivativos foi um obstáculo fundamental para a expansão desse mercado nos anos 1990. Em outras palavras, não existia uma referência para a especulação com propriedades imobiliárias. O mercado de derivativos de bens imobiliários só se tornou relevante na primeira década deste século, quando foram estabelecidos índices específicos de propriedade.[41] Atualmente, o setor imobiliário é um alvo

---

[41] Atualmente, o índice de propriedade IPD do Reino Unido faz um acompanhamento de 2.962 investimentos em propriedades, com um valor total de

atraente para os atores financeiros. Os ativos imobiliários mundiais representam quase 60% do valor de todos os ativos mundiais, e seu valor é estimado em US$ 217 trilhões, ou seja, quase o triplo do produto interno bruto (PIB) mundial.[42] O vínculo entre o estabelecimento de índices amplamente aceitos e o desenvolvimento de mercados de derivativos específicos – e, em consequência, o aumento da especulação – também pode ser observado em relação à terra. Nos EUA, por exemplo, o Conselho Nacional de Administradores de Investimentos Imobiliários (NCREIF), cujo índice de propriedades já desempenha uma função-chave no mercado norte-americano de derivativos imobiliários, está desenvolvendo um índice de terras agrícolas.[43] Segundo o NCREIF, seu índice de terras agrícolas "é uma série trimestral composta da medição do rendimento dos investimentos de um amplo conjunto de propriedades individuais de terras agrícolas adquiridas no mercado privado apenas para fins de investimento".[44] No Brasil, o Senado aprovou recentemente uma medida que permite que partes de uma fazenda sejam negociadas nos mercados financeiros como uma garantia de acesso a crédito, uma medida que provavelmente expandirá ainda mais a especulação com terras agrícolas.[45]

---

capital de 48,9 bilhões de libras esterlinas em junho de 2018. Veja: www.msci.com/www/ipd-derivatives/derivative-ipd-uk-monthly/0164965629

[42] Savills. 2016. Around the World in Dollars and Cents. What Price the World? Trends in international real estate trading. World Research. Disponível em inglês em: www.savills.co.uk/research_articles/229130/198667-0

[43] https://www.ncreif.org/data-products/property/

[44] https://www.ncreif.org/data-products/farmland/

[45] Veja: Garcia, G. Senado autoriza uso de parte de imóvel rural como garantia em empréstimo. *G1 Globo*. 14 de junho de 2017. Disponível em: www.g1.globo.com/senado-autoriza-uso-de-parte-de-imovel-rural

ALGUNS NÚMEROS SOBRE O DINHEIRO

Quando se fala de dinheiro e de finanças, a primeira coisa que muitas pessoas pensam é no dinheiro propriamente dito. Contudo, o dinheiro físico representa apenas uma pequena parte do dinheiro que existe no mundo atualmente:

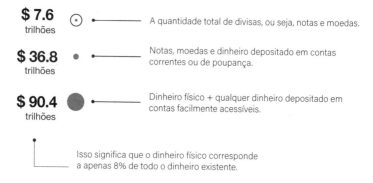

$ 7.6 trilhões — A quantidade total de divisas, ou seja, notas e moedas.

$ 36.8 trilhões — Notas, moedas e dinheiro depositado em contas correntes ou de poupança.

$ 90.4 trilhões — Dinheiro físico + qualquer dinheiro depositado em contas facilmente acessíveis.

Isso significa que o dinheiro físico corresponde a apenas 8% de todo o dinheiro existente.

A proporção de dinheiro efetivo é quase irrelevante quando se leva em conta o tamanho dos mercados financeiros, em especial dos mercados de derivativos:

- Estima-se que os fundos investidos em derivativos chegam a algo entre:

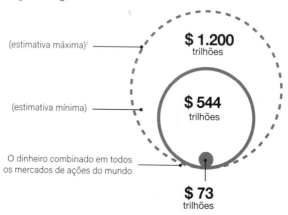

(estimativa máxima)[1] — **$ 1.200 trilhões**

(estimativa mínima) — **$ 544 trilhões**

O dinheiro combinado em todos os mercados de ações do mundo — **$ 73 trilhões**

---

[1] Mil trilhões equivalem a: 1.000.000.000.000.000.

A dívida é outro componente importante das finanças. Ela outorga poder aos credores e lhes permite exercer pressão sobre os devedores. Pode-se obrigar os devedores individuais a venderem suas terras ou casas (ver o quadro na p. 94), enquanto a dívida pública dos Estados é utilizada com frequência para impor certas medidas políticas aos devedores, como o desmantelamento de marcos regulatórios ou das políticas sociais.

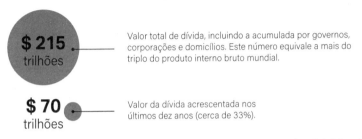

Para mais informações, ver CHANG, Sue. Here's all the money in the world, in one chart. U. S. & Canada. Market Watch (Dow Jones Company), 28 nov. 2017. Disponível em: www.marketwatch.com/story/this-is-how-much-money-exists-in-the-entire-world-in-one-chart-2015-12-18

Tratados de comércio e proteção de investimentos

Ao mesmo tempo que as regulamentações econômicas e financeiras foram desmanteladas, os regimes de proteção de investimentos foram fortalecidos. A legislação internacional em matéria de investimentos, sob a forma de tratados de comércio e investimento, assim como a arbitragem entre investidores e Estados, que permite às empresas exigir compensação por perdas reais ou antecipadas resultantes de mudanças nas políticas, converteram-se em ferramentas fundamentais para a proteção dos investimentos e da propriedade de todo tipo de atores empresariais, inclusive o sistema financeiro global. Por exemplo, a grande maioria dos acordos de terras realizados nos últimos dez anos estão protegidos por tratados de investimento.[46] A documentação sobre a apropriação e a luta contra ela em todo o mundo mostra como os investidores

---

[46] Cotula, L. y Berger, T. Land deals and investment treaties: visualizing the Interface. Instituto Internacional de Meio Ambiente e Desenvolvimento. 2015. Disponível em: https://pubs.iied.org/12586IIED/. Veja, por exemplo, o caso de Pezold versus Zimbábue em: www.pubs.iied.org/pdfs/12586IIED.pdf

utilizam habilmente os marcos jurídicos e normativos nacionais que facilitam e promovem a transferência de terras para a aquisição por investidores, por um lado, e o regime internacional de proteção de investimentos, por outro, para posteriormente proteger essas terras das reivindicações das comunidades e das pessoas que foram desapropriadas.[47] Além disso, os investidores utilizam a legislação internacional sobre investimentos para limitar a capacidade dos Estados de legislarem em favor do interesse público. De fato, nos últimos anos, aumentou o número de casos de arbitragem de investimentos centrados em regulações de interesse público, o que provoca um "arrepio regulatório" que vai além dos Estados diretamente envolvidos.

Os acordos comerciais promovem, ainda, normas livres e abertas, que tornam impossível a regulação ou o controle dos fluxos de capital. À medida que a economia vai se digitalizando (ver o item Tecnologias digitais e big data), as maiores empresas do mundo começam a se esforçar para conseguir a plena liberalização da economia digital do futuro e, especialmente, o pleno controle dos dados. Esses esforços avançaram em março de 2019, quando a Organização Mundial do Comércio (OMC) iniciou as negociações para um novo acordo de comércio eletrônico. Existe um grande risco de que essas negociações abalem a débil supervisão existente e deem mais direitos às grandes empresas de tecnologia, que reclamam o pleno controle dos dados, a capacidade de transferi-los a qualquer parte do mundo sem restrições e de utilizá-los exclusivamente para obter lucros privados.[48]

---

[47] Veja por exemplo o caso de Pezold *versus* Zimbábue em: https://corporateeurope.org/sites/default/files/2019-06/Border%20Timbers%20and%20von%20Pezold%20vs%20Zimbabwe.pdf

[48] James, D. Big tech seeks to cement digital colonialism through the WTO. *In*: Latin America in movement. 2019. Disponível em: https://www.alainet.org/en/revistas/542

UM DIREITO GLOBAL À PROPRIEDADE?

LEMBRE-SE

Grandes partes de nossos territórios continuam fora do âmbito dos direitos da propriedade privada formal, ou de outras maneiras de formalizar e padronizar nossa relação com esses direitos. Contudo, o capital global requer a expansão massiva dos direitos de propriedade, assim como a formalização e regularização das relações entre os seres humanos e a natureza para extrair e acumular riqueza. O valor estimado das propriedades imobiliárias é de US$ 217 trilhões, o que compreende imóveis comerciais (13%), residenciais (75%) e terras agrícolas (12%).[1] Como consequência, a promoção dos regimes de propriedade privada, a formalização e a padronização fazem parte do processo de agrupar as terras, florestas ou locais de pesca como ativos financeiros globais.[2] Nesse contexto, os atores empresariais e financeiros, assim como as instituições que os apoiam, fazem mau uso da linguagem dos direitos humanos, em especial quando defendem seus direitos de propriedade frente aos direitos humanos das comunidades.

O Banco Mundial e outras instituições de desenvolvimento vêm incentivando há anos a formalização e a regularização da terra e outros recursos naturais. Mais recentemente, várias fundações filantrópicas capitalistas também reforçaram as campanhas pelos direitos de propriedade privada. Embora essas campanhas defendam claramente o interesse do sistema financeiro global, costumam passar como vinculadas à redução da pobreza e à justiça social. Por exemplo, a Fundação Thomson Reuters, que é a parte beneficente da empresa transnacional de informação e notícias Thomson Reuters, realiza campanhas em favor dos direitos à propriedade, afirmando que "as comunidades com direitos de propriedade são mais fortes, saudáveis e ricas e têm melhor educação".[3] Dentro do universo da beneficência também é possível encontrar redes de investimento: a Fundação Thomson Reuters recebe financiamento adicional da Omidyar Network, uma organização sem fins lucrativos dirigida pelo fundador do eBay. Sob o eixo temático dos "direitos de propriedade", ele também financia o Portal da Terra (Land Portal), a ONG Landesa[4] e o índice global de direitos de propriedade (International Property Rights Index, IPRI).[5]

---

[1] Veja: www.marketwatch.com/story/this-is-how-much-moneyexists-in-the-entire-world-in-one-chart-2015-12-18
[2] Tania M. Li. What is Land? Assembling a resource for global investment. Conferência plenária do Instituto de Geógrafos Britânicos, 39. 2014, p. 589-602.
[3] O vídeo da campanha está disponível em: https://youtu.be/UGFiilh6K5s
[4] Mais de 25 bilhões de US$ durante os últimos anos. Outros financiadores chave da Landesa são, por exemplo, a Fundação Ford, a Fundação Bill e Melinda Gates e a Fundação Ikea. Veja: www.landesa.org/annual-report-2018.
[5] www.internationalpropertyrightsindex.org

Autorregulamentação voluntária por parte de atores corporativos e financeiros

Embora os Estados tenham desmantelado as regulamentações existentes e evitado a adoção de políticas e legislações que efetivamente pudessem regular o setor financeiro, diversos esquemas de autorregulamentação corporativa começaram a emergir. Em muitos casos, esses marcos regulatórios são reconhecidos e apoiados, ao menos tacitamente, por Estados e instituições da ONU. O problema fundamental com tais iniciativas é que são totalmente voluntárias e não asseguram a prestação de contas ou o recurso quando pessoas e comunidades se veem afetadas negativamente pelas operações das empresas.

Um exemplo disso são os Princípios para o Investimento Responsável (PRI). Segundo o *site* dos PRI,

> os seis Princípios para o Investimento Responsável são um conjunto voluntário e ambicioso de princípios de investimento que proporcionam um cardápio de possíveis medidas para incorporar questões ambientais, sociais e de governança na prática do investimento. Os Princípios foram desenvolvidos por investidores para investidores. Mediante sua aplicação, os signatários contribuem para desenvolver um sistema financeiro global mais sustentável.[49]

Mais de 2 mil empresas e "investidores" assinaram os PRI, incluindo as dez maiores empresas de gestão de ativos (ver quadro na p. 89) e muitos fundos de pensão. Contudo, aderir a esses princípios não significa nada além da declaração de intenções que os investidores fazem quando subscrevem a eles. A apresentação de informes pelos signatários é realizada mediante autoavaliações baseadas em critérios e indicadores definidos por eles mesmos. Além disso, não existem mecanismos de recurso para os grupos negativamente afetados.

---

[49] www.unpri.org/signatories/what-are-the-principles-for-responsible-investment

Apesar de seus defeitos óbvios, os Estados e as instituições internacionais vêm promovendo esses princípios e programas de responsabilidade social empresarial, e os utilizam como um argumento para evitar regulamentações vinculantes sobre as atividades de empresas e atores financeiros que operam em âmbito transnacional. Além disso, essas iniciativas buscam ativamente se apresentar como sendo patrocinadas por Estados ou pela ONU. Os signatários dos PRI, por exemplo, referem-se a esses princípios como os "PRI da ONU" com o objetivo de lhes conferir mais legitimidade.

As iniciativas lideradas por corporações, como os PRI, são, ao menos em parte, uma resposta à demanda de um desenvolvimento econômico mais sustentável e de um sistema financeiro que o respalde. Vários Estados começaram a desenvolver estratégias para as "finanças sustentáveis". A UE, por exemplo, adotou um plano de ação sobre finanças sustentáveis.[50] Embora as medidas previstas incluam regulamentações, melhores avaliações de riscos e mais transparência nas operações financeiras, o forte *lobby* corporativo pode vir a diluir propostas mais progressistas. O resultado seria outro quadro de *greenwashing* do capitalismo global.

As parcerias público-privadas e o
conceito de múltiplas partes interessadas

A financeirização acentuou os processos de privatização de bens e serviços essenciais, e até mesmo da governança e dos governos. De fato, é cada vez mais frequente que atores corporativos e todo tipo de "investidores" sejam considerados e tratados como atores fundamentais na governança, inclusive

---

[50] https://ec.europa.eu/info/business-economy-euro/banking-and-finance/sustainable-finance

em processos de políticas. Isso remodela profundamente a forma como a autoridade pública é exercida em todas as esferas, em particular a esfera nacional e no sistema multilateral das Nações Unidas.

Um exemplo é o auge do conceito de múltiplas partes interessadas, promovido pelo setor corporativo, inúmeros governos, organismos da ONU e atores corporativos como o Foro Econômico Mundial (FEM) (ver o quadro na p. 115). A abordagem de múltiplas partes interessadas é mais um passo em direção ao domínio direto das empresas e dos capitalistas. Um fato particularmente preocupante aconteceu em junho de 2019, quando a ONU assinou o Marco de Associação Estratégica com o Foro Econômico Mundial (FEM) para implementar a Agenda de Desenvolvimento Sustentável da ONU para 2030.[51] Essa medida foi fortemente rechaçada por organizações sociais de todo o mundo.[52]

As PPP são outra forma de colaboração cada vez mais comum entre atores corporativos e financeiros e instituições públicas. As PPP são promovidas como uma solução para superar a falta de financiamento governamental para projetos de desenvolvimento e infraestrutura. Em muitos casos, isso equivale à privatização do fornecimento de serviços públicos, como transporte, saúde, educação e energia, com consequências negativas para os setores mais desfavorecidos da população e os setores com rendas baixas e médias. Além disso, as PPP borram os limites entre os atores públicos e privados e confundem

---

[51] Veja: www.weforum.org/press/2019/06/world-economic-forum-and-un-sign-strategic-partnership-framework

[52] Veja: www.cognitoforms.com/MultistakeholderismActionGroup/CorporateCaptureOfGlobalGovernanceTheWorldEconomicForumWEFUNPartnershipAgreementIsADangerousThreatToUN?fbclid=IwAR0jaqd3fdz2Nl3ndlSl-fbR1mlMwMESKTDX5SlwtN-kwY3eLfQAFq71ujM

> **LEMBRE-SE**
>
> # O CONCEITO DE MÚLTIPLAS PARTES INTERESSADAS [MULTI-STAKEHOLDERISM]
>
> **Uma nova forma de as corporações governarem o mundo**
> Em âmbito nacional, os governos funcionam como mediadores institucionais entre as empresas e as populações. Os governos devem adotar regulamentações para proteger e promover o bem-estar público, além de proporcionar tribunais e um sistema judiciário imparcial para alcançar um equilíbrio entre as práticas impulsionadas pelo mercado e as expectativas e valores públicos. Contudo, desde que apareceram, as corporações transnacionais têm operado sem uma força restritiva similar a um Estado. Algumas corporações transnacionais e organismos corporativos das elites, como o FEM, chegaram a reconhecer que existem ameaças mundiais tão grandes que não podem ser geridas unicamente por corporações transnacionais ou pelos processos internos da globalização. Em sua perspectiva, as empresas transnacionais têm que se unir a outros atores para desenvolverem uma intervenção quase estatal para gerir essas crises. A estrutura de governança de múltiplas partes interessadas, como a utilizada pela rede Global Future Councils do FEM e o Pacto Mundial do Secretário Geral das Nações Unidas, proporciona uma nova forma de institucionalizar funções internacionais para corporações transnacionais ao lado de governos específicos, a sociedade civil, o mundo acadêmico e outros atores sociais. Um projeto de governança de múltiplas partes interessadas costuma combinar uma ou duas empresas transnacionais com uma organização da sociedade civil, um governo ou dois e outros indivíduos para realizar uma tarefa de governança. Não se trata de qualquer tarefa de governança, mas sim daquelas cujas soluções têm alguma função benéfica para a organização fundadora. Nem todas as corporações transnacionais empreendem essas iniciativas. Mesmo aquelas transnacionais ou divisões de transnacionais que escolherem este caminho insistem que todas essas novas intervenções são voluntárias. Em consequência, as empresas transnacionais e outros possíveis atores mundiais de governança presentes num grupo de múltiplas partes interessadas podem sair de um projeto específico ou distanciarem-se em geral do conceito de múltiplas partes interessadas quando consideram que essas atividades não lhes convêm.
>
> Adaptado de: GLECKMANN, Harris. Multistakeholderism: a new way for corporations and their new partners to try to govern the world. Johannesburg: Civicus, 2018. Disponível em: www.civicus.org/index.php/re-imagining-democracy/overviews/3377-multistakeholderism-a-new-way-for-corporations--and-their-new-partnersto-try-to-govern-the-world.

suas respectivas funções e responsabilidades. É cada vez mais frequente que os bens e serviços públicos sejam considerados como produtos básicos e ativos, e o Estado corre o risco de abdicar de suas responsabilidades públicas. Na prática, as empresas utilizam as PPP para evitar a maioria dos riscos inerentes a vários tipos de "investimento", pressionando os governos a dobrarem as normas e regulamentações a seu favor, e para evitar a prestação de contas.

> **LEMBRE-SE**
>
> **O PROVIMENTO DE SERVIÇOS PÚBLICOS POR MEIO DE PARCERIAS PÚBLICO-PRIVADAS**
>
> O provimento de serviços públicos é uma área que está se reconfigurando cada vez mais para extrair riqueza para o 1%, em especial por meio das parcerias público-privadas. A pressão por PPPs não busca construir infraestruturas em benefício da sociedade, mas sim criar novos subsídios que beneficiem pessoas que já são ricas. Tem menos a ver com o financiamento do desenvolvimento e mais com o desenvolvimento das finanças. [...]
>
> O setor financeiro está de olho em estradas, pontes, hospitais, portos e ferrovias e os está transformando numa classe de ativos por meio da qual os investidores privados têm fluxos de renda garantidos à custa do setor público.
> Esta pilhagem legalizada, o 'furto autorizado', extrai uma riqueza considerável do Sul Global e a desvia ao 1% das elites dos ricos do mundo.
>
> Extraído de: HILDYARD, Nicholas. *Licensed Larceny*: Infrastructure, Financial Extraction and the global South, The Corner House. Manchester/UK: Manchester University Press, 2016.

Independentemente das PPPs, também observamos que diferentes atores corporativos, como empresas de mineração ou de agronegócio, assim como os financiadores que estão por trás deles, estão substituindo o Estado em alguns lugares, uma vez que são eles que constroem estradas, escolas e hospitais como parte de medidas de responsabilidade social empresarial. Como por vezes também são responsáveis pelo financiamento das forças de segurança e contam com o apoio político das autoridades locais e centrais, pode ser complicado para as comunidades distinguirem entre as empresas e os "investidores" e o governo.

O financiamento para o desenvolvimento

As PPP e o conceito de múltiplas partes interessadas foram institucionalizados na agenda mundial para o desenvolvimento sustentável, em especial na Agenda 2030 e nos ODS. De fato, o setor privado ou corporativo, assim como as organizações filantrópicas capitalistas (como a Fundação Bill e Melinda Gates e a Rede Omidyar, chefiada pelo fundador do eBay etc.), são vistos como "parceiros" fundamentais para mobilizar os meios financeiros necessários para aplicar a agenda de desenvolvimento sustentável. Nos últimos anos, diversas iniciativas fortaleceram abordagens segundo as quais o papel ativo das empresas e atores financeiros para enfrentar as crises mundiais é benéfico e necessário. Como resultado, os objetivos de desenvolvimento mundiais estão cada vez mais alinhados com os interesses corporativos.

Essa abordagem foi formalizada nos ODS e na Agenda de Ação de Adis Abeba, que foi adotada pelos Estados em 2015. Segundo a ONU, ela

> proporciona um novo marco global para financiar o desenvolvimento sustentável que alinha todos os fluxos de financiamento e as políticas com as prioridades econômicas, sociais e ambientais.[53]

Um âmbito de ação da Agenda de Ação de Adis Abeba é "a atividade empresarial e as finanças nacionais e internacionais".

Uma manifestação da crescente função do setor privado na determinação e aplicação da agenda de desenvolvimento mundial é o fato de que seus atores contribuem cada vez mais

---

[53] www.un.org/sustainabledevelopment/financing-for-development

para financiar os programas de diversos organismos da ONU. A "combinação de financiamentos" é um termo utilizado com frequência para descrever essa tomada de poder na governança global por parte do setor corporativo e financeiro, e está remodelando fundamentalmente a governança.

Discursos e imaginários

Como mencionado anteriormente, a financeirização tem um forte aspecto discursivo. Isso significa que o capitalismo clandestino e seus atores destinam uma quantidade considerável de recursos para legitimar e justificar a expansão do sistema financeiro global em todos os aspectos da vida, ao mesmo tempo que suprimem os debates críticos na sociedade mais ampla. Seu objetivo é fazer com que o processo de financeirização e suas consequências sejam percebidos como algo "natural", necessário e desejável para o desenvolvimento e o progresso da humanidade.

Uma característica central da narrativa construída pelos defensores da financeirização é dizer que realizar mais investimentos aumenta a eficiência na produção de bens públicos como a alimentação, a saúde ou o transporte. Em grande parte do discurso dominante, o "investimento" é entendido exclusivamente em termos econômicos ou financeiros, como a mobilização de capital financeiro para gerar um lucro ou rendimento. Contudo, o investimento autêntico é muito mais do que isso. No contexto da agricultura, por exemplo, é o comprometimento de múltiplos recursos (naturais, humanos, culturais, sociais, físicos e financeiros, entre muitos outros) que servem para múltiplos fins, por exemplo, para desenvolver a fertilidade do solo, manter as práticas e rituais culturais ou gerar oportunidades para a próxima geração da juventude rural.[54] No contexto da financeirização, esses aspectos mais amplos desaparecem e enfatiza-se a rentabilidade financeira, o que favorece os interesses do capitalismo clandestino. É importante destacar que, no mundo das finanças mundiais, a distinção entre o investimento e a especulação está se desfazendo. De fato, todos os investimentos financeiros têm um componente especulativo. Por exemplo, os gerentes de planos de pensões argumentam que não especulam porque compram terras com uma perspectiva de longo prazo (por exemplo, 10 ou 20 anos). Ainda assim, esses investimentos têm um componente especulativo relevante. Eles especulam com a alta do preço da terra, com o aumento da demanda mundial de matérias-primas agrícolas e com a característica anticíclica da evolução do valor da terra frente a outros setores de investimento. Além disso, na maioria dos casos, um investidor financeiro venderá seu investimento se antecipar uma perda (ou seja, a especulação não acontece com a evolução do valor e do preço) ou ganho consideráveis (valor máximo). Isso faz com que os atores financeiros normalmente sejam diferentes de outros "investidores". Uma camponesa normalmente não vende seu sítio só porque os preços das terras estão altos. Da mesma forma, uma associação ou cooperativa de habitação investirá em suas casas e provavelmente construirá ou comprará mais casas. Mas como o objetivo principal é proporcionar casas a seus membros, não as venderá, mesmo que os preços dos imóveis disparem.

A transformação da terra e de outros bens comuns em tipos de ativos que podem ser comercializados nos mercados financeiros mundiais deve ser considerada como uma continuidade

---

[54] TNI. Policy Shift. Investing in Agricultural Alternatives. Hands off the Land. 2014. Disponível em: www.tni.org/files/download/policy_shift_0.pdf

da privatização e da mercantilização desses bens, promovida por diferentes atores, como o Banco Mundial, há muito tempo. Nos anos 1990 e 2000, o influente economista Hernando De Soto justificou a oferta de títulos de propriedade privada aos camponeses e camponesas com o argumento de que poderiam utilizá-los como garantia para crédito.

Tecnologias digitais e "big data"

O capitalismo clandestino está digitalizado. As tecnologias digitais são fundamentais para permitir que o sistema financeiro global exerça controle sobre nossos territórios. O controle das empresas financeiras e dos fluxos de caixa de centros financeiros globais requer fluxos de informações e ferramentas para realizar transações (a compra e venda de terras, imóveis, ações etc.). De fato, a digitalização, ou seja, a integração de tecnologias digitais nas diferentes esferas da vida, tem sido um motor fundamental da financeirização global. O crescimento exponencial do sistema financeiro global, por exemplo, só foi possível graças às tecnologias da informação, incluindo as negociações de alta frequência. A digitalização e as tecnologias da informação também têm sido essenciais para levar a terra e outros bens comuns aos mercados financeiros globais.

É importante distinguir dois aspectos chave da digitalização da terra. Em primeiro lugar, o acesso a dados muito específicos de cada lugar, como a qualidade do solo, a produção, o acesso à água, a cobertura florestal, a evolução dos preços da terra ou a distribuição das chuvas, é fundamental para os investidores. A digitalização torna possível que um intermediário financeiro em Cingapura, por exemplo, tenha acesso a essas informações sobre um determinado terreno na Colômbia. Sob a bandeira da "digitalização da agricultura", essa compilação e privatização dos dados nas nuvens virtuais está avançando rapidamente, liderada pelos conglomerados de empresas transnacionais John Deere, AGCO e CHN.[55] Em segundo lugar, a digitalização dos dados relativos à administração da terra, em particular os dados cadastrais, permite (potencialmente) realizar transações de terras na esfera virtual. Atualmente, uma série de esforços estão sendo feitos para aplicar a tecnologia *blockchain* às terras. O *blockchain* é a tecnologia utilizada nas criptomoedas, como Bitcoin, e costuma ser descrita como um livro público aberto, descentralizado e amplamente distribuído, que pode registrar informações e transações entre duas partes. A tecnologia *blockchain* permite armazenar dados sobre a administração da terra, mas também realizar transações por meio dos chamados "contratos inteligentes", que ocorrem de forma amplamente automatizada e autoexecutável. Estão sendo realizadas experiências piloto em vários países em todas as partes do mundo.[56] As narrativas ligadas a essas experiências estão firmemente ancoradas na ideia de que os Estados e administrações são ineficientes, e transmitem a mensagem de que os atores privados são muito mais eficientes na tarefa de administrar a terra de forma descentralizada

---

[55] ETC Group. Software vs. Hardware vs. Nowhere. 2016. Disponível em: www.etcgroup.org/sites/www.etcgroup.org/files/files/softwarevs.hardwarevs.nowhere-briefing_dec_2016.pdf Espera-se que a demanda de *drones*, robôs, sensores e câmeras relacionados à agricultura aumente de US$ 2,3 bilhões em 2014 para US$ 18,45 bilhões em 2022.

[56] Estão sendo feitas experiências piloto na Geórgia, Ucrânia, Suécia, Índia, Austrália, Dubai, Honduras, EUA e Gana. Graglia, J.M., Mellon, C. Blockchain and Property in 2018: at the end of the beginning. Artigo apresentado na Conferência anual do Banco Mundial sobre terra e pobreza em 2018. Disponível em: www.newamerica.org/future-property-rights/blog/blockchain--and-property-2018-end-beginning

e sem interferência das autoridades públicas. As empresas envolvidas prometem "um acesso mais fácil, maior precisão, melhor escalabilidade e transparência",[57] e inclusive uma administração mais democrática da terra. O exemplo da BlackRock (ver quadro na p. 90) ilustra o fato de que a tecnologia digital e o controle da *big data* são utilizados para exercer controle sobre territórios e extrair riqueza deles. Tecnologia e *big data* desempenham, assim, um papel fundamental na consolidação do controle corporativo sobre nossas vidas.

LEMBRE-SE

CAPITALISMO CLANDESTINO, DADOS E SISTEMAS DE ANÁLISE

As empresas financeiras hoje em dia são também empresas de dados. Elas recolhem constantemente grandes quantidades de dados e os analisam para otimizar suas operações. A BlackRock, maior empresa de gestão de ativos do mundo, é um bom exemplo. Uma parte fundamental de seu sucesso se deve a seu sistema de análise de dados, Aladdin (a rede de investimentos em ativos, passivos, dívidas e derivativos). Para que esses sistemas funcionem, devem ser alimentados por uma grande quantidade de dados digitais. Sistemas como o Aladdin utilizam a informação digital para transformar territórios (distantes) em dados, códigos e algoritmos que calculam as taxas de rendimentos dos investimentos financeiros e da especulação.

PARA SABER MAIS

FIELDS, Desiree. *Beware the Automated Landlord.* London: Red Pepper, 2017. Disponível em: www.redpepper.org.uk/beware-the--automated-landlord

---

[57] https://bravenewcoin.com/news/bra-zil-pilots-bitcoin-solution-for-real-estate-registration/

> **LEMBRE-SE**
>
> **PROPRIETÁRIOS AUTOMATIZADOS**
>
> As empresas de habitação financeirizadas ou os proprietários corporativos (ver o item As moradias e a cidade) utilizam cada vez mais as tecnologias digitais para otimizar a extração de riqueza dos inquilinos. Em primeiro lugar, são usadas ferramentas digitais para tornar mais eficiente a gestão do parque imobiliário. Com cada vez mais frequência, os inquilinos têm de notificar os danos dos imóveis, como problemas de encanamento, por meio de uma interface digital, o que cria uma relação impessoal e distante entre proprietários e inquilinos e dificulta a prestação de contas. As empresas de habitação também utilizam ferramentas digitais para rastrear o pagamento dos aluguéis e enviar lembretes automáticos sobre os pagamentos, aumentando, com isso, a pressão sobre os inquilinos. A instalação dessas ferramentas é defendida como uma medida que aumenta o valor da habitação e, portanto, como uma justificativa para aumentar os aluguéis.
>
> Em segundo lugar, as ferramentas digitais servem para recompilar sistematicamente dados e informações sobre os inquilinos. Isso é fundamental para fazer com que a moradia (de aluguel) funcione como uma classe de ativo financeiro. Os novos instrumentos financeiros, como os valores respaldados por aluguéis, ou seja, ativos comercializados baseados nos pagamentos de aluguéis (reais e antecipados), dependem da capacidade de calcular adequadamente os riscos, incluindo a inadimplência dos inquilinos. Isso requer dados sistemáticos sobre o conjunto dos inquilinos, o que provoca um aumento da vigilância. Esses dados também podem ser vendidos a outras empresas que podem utilizá-los para adaptar seus produtos e serviços às pessoas afetadas.

> **LEMBRE-SE**
>
> **O FIM DO DINHEIRO (COMO O CONHECEMOS)?**
>
> Para muitas pessoas, as finanças são sinônimo de dinheiro. Portanto, pode parecer difícil imaginar que a abolição do dinheiro em espécie seja uma estratégia para expandir o alcance e as oportunidades de lucro das finanças mundiais. Contudo, várias iniciativas vão exatamente nessa direção. Dois exemplos ilustram esse fenômeno:

1. A desmonetização na Índia

Em novembro de 2016, o governo indiano anunciou que retiraria de circulação todas as notas de 500 e 1.000 rúpias (cerca de 7 e 14 US$, respectivamente). A justificativa oficial para essa medida era destruir o mercado clandestino, combater a proliferação das notas falsas e deter o financiamento ilegal de grupos terroristas. A retirada de circulação dessas notas teve efeitos severos para as pessoas pobres e os setores (informais) que dependem principalmente do dinheiro em espécie, como, entre outros, os pequenos agricultores, os artesãos tradicionais e as pequenas e médias indústrias. As pessoas perderam a possibilidade de vender seus produtos, perderam seus empregos ou tiveram que fechar seus negócios. Em alguns casos, não foi possível pagar tratamentos médicos. Além disso, a imprensa informou que mais de 100 pessoas perderam a vida por conta da proibição do uso dessas notas. O único setor que floresceu foi o das empresas de tecnologia financeira, ou seja, os serviços financeiros baseados em tecnologias, como os sistemas de pagamento digital (PayPal, WePay, PayTM etc.). O volume das transações de *internet banking* aumentou 380% como resultado da decisão do governo, e o volume de pagamentos digitais cresceu 360%.[1] Eventualmente, o governo teve de admitir que os objetivos estabelecidos não tinham sido alcançados, e que a desmonetização foi, na realidade, uma forma de abrir caminho para uma economia com "menos dinheiro em espécie" ou até mesmo "sem dinheiro". Os bancos, as empresas de cartões de crédito, as empresas de tecnologia financeira e vários governos vêm fazendo pressão para substituir o dinheiro físico porque os lucros que podem ser obtidos com ele são escassos. Mas, uma vez que o dinheiro se transforma em bits digitais, apresentam-se duas oportunidades: 1) cobrar taxas arbitrárias a cada transação; e 2) criar um rastro dos dados de ingressos e pagamentos dos clientes que sirva de base para vender-lhes outros serviços financeiros.[2]

A tentativa da Índia de substituir o dinheiro em espécie fracassou. Embora as pessoas tenham tido de migrar forçosamente para os pagamentos digitais por um tempo, elas voltaram rapidamente a usar o dinheiro em espécie quando este voltou a circular.

---

[1] Athialy, J. *Demonetisation: Lest we Forget*. 2018. Disponível em: www.cenfa.org/blog/demonetisation-lest-we-forget.

[2] Centre for Financial Accountability/All India Bank Officers' Confederation. Organized Loot and Legalised Plunder. Looking Back at One Year of Demonetisation. 2017. Disponível em: www.cenfa.org/publications/organised-loot-and-legalised-plunder-looking-back-at-one-year-of-demonetisation

2. Libra, a criptomoeda do Facebook

Algumas pessoas consideram as criptomoedas como uma forma de se emancipar da opressão estatal ou de um sistema monetário internacional injusto e (neo)colonial.[3] Entretanto, o anúncio do Facebook, em junho de 2019, de que lançaria sua própria criptomoeda, a Libra, lança luz sobre como o dinheiro digital poderia levar a uma expansão ainda maior do poder corporativo.

A Libra foi criada por um consórcio de várias corporações chamado Libra Association, que inclui a empresa de pagamentos eletrônicos PayU, as empresas tecnológicas Uber e Lyft, as empresas de telecomunicações Vodafone e Iliad, várias empresas de *blockchain* e diversas sociedades de capital de risco.[4] A Libra Association é dirigida pela Calibra, uma filial do Facebook. A Libra é uma moeda privada e a esperança do consórcio é que ela seja utilizada como meio de pagamento pelos usuários do Facebook – atualmente quase 2,5 bilhões de pessoas em todo o mundo. Isso transformaria a maior rede social do mundo em um mercado de bens e serviços. Se um grande número de pessoas começarem a usar a Libra, os dados criados pelas transações financeiras seriam de enorme valor, especialmente quando combinados com os dados comportamentais compilados pelo Facebook.[5]

A emissão de moeda foi historicamente uma das principais prerrogativas dos Estados e um pilar da soberania. Além disso, as políticas monetárias são uma ferramenta importante para dirigir a economia de um país. Como uma moeda privada, a Libra está fora do controle de qualquer banco central ou governo, e não existe uma prestação de contas pública. Entretanto, os Estados ainda podem se ver obrigados a ter que arcar com o risco financeiro da Libra se ela se transformar numa moeda amplamente utilizada e for afetada por uma crise. Em suma, a Libra é mais um passo para substituir os Estados e as políticas públicas pelas corporações e seus interesses financeiros.

---

[3] O governo da Venezuela lançou, por exemplo, uma criptomoeda chamada Petro como instrumento para estimular a economia sob pressão das sanções dos EUA. Veja: www.telesurtv.net/pages/Especiales/el-petro-criptomoneda-venezolana/index.jsp.

[4] Veja: www.libra.org

[5] Vipra, J. What's up with Libra? Everything That Should Concern Us About Facebook's New Cryptocurrency. 2019. Disponível em: https://botpopuli.net/whats-up-with-libra. O Facebook afirma que os dados dos pagamentos com a Libra não serão combinados com os dados dos usuários da plataforma, já que a Libra será administrada pela Calibra, que é sua filial.

MENSAGENS-CHAVE

- O capitalismo clandestino opera por meio de uma ampla gama de atores que, por sua vez, operam por meio de um número relativamente reduzido de centros financeiros.

- O sigilo assim como a evasão da regulamentação pública e da tributação são características centrais do capitalismo financeiro.

- Uma série de políticas permite que o sistema financeiro global expanda seu poder e alcance, assim como a acumulação de riqueza por parte de uma pequena elite. Atores corporativos e financeiros se estabeleceram como atores-chave na governança dos Estados e do sistema multilateral da ONU. Isso lhes permite moldar políticas globais e nacionais e evitar a responsabilidade por crimes cometidos por eles.

- Os agentes do capitalismo clandestino criaram narrativas que justificam a expansão dos mercados financeiros em áreas e domínios onde antes não existiam. A necessidade de "investimentos" e o aumento da eficiência sugerem que a substituição das políticas públicas pelo capital mundial não só é necessária, como também desejável.

- As tecnologias digitais contribuíram para transformar a terra e outros bens comuns em ativos financeiros, e para consolidar (e aumentar) as desigualdades de riqueza existentes.

PERGUNTAS PARA DEBATE

- Por meio de quais mecanismos os atores financeiros exercem controle sobre nossos territórios (ou tentam fazê-lo)?
- Quais são as principais políticas em seu país ou região que promovem a extração de riqueza por parte de atores corporativos e financeiros?
- Você conhece exemplos de como a digitalização e as tecnologias da comunicação facilitaram o acúmulo de recursos pelas elites nacionais ou globais?

5. RESISTÊNCIA: NOVOS DESAFIOS PARA O MOVIMENTO PELA SOBERANIA ALIMENTAR

O capitalismo clandestino intensifica as ameaças já existentes e cria novas formas de desapropriação e violência. A compreensão dos motores e mecanismos em jogo é só o primeiro passo para uma reflexão – orientada para a ação – que nos permitirá aperfeiçoar nossas lutas e estratégias para deter e fazer retroceder a privatização e a mercantilização da natureza e da vida. Neste capítulo, recordaremos as bases das lutas dos povos e organizações sociais por seus territórios, descreveremos algumas lutas que já estão desafiando o capitalismo clandestino e iremos propor algumas questões para screm discutidas posteriormente no movimento pela soberania alimentar e em outros movimentos.

Enquanto atores de movimentos populares que lutam pela soberania alimentar, temos defendido nossos territórios da usurpação e da destruição ambiental há muito tempo. Também temos lutado por reformas agrárias e aquáticas, assim como pela gestão de nossos bens comuns pelas comunidades, já que não é legítimo que poucos possuam e controlem a maior parte das terras, florestas, mares, rios e de toda a natureza.

Nossas lutas são guiadas pela visão comum estabelecida na Declaração de Nyéléni, de 2007, na qual reafirmamos nosso compromisso com a soberania alimentar e reforçamos nosso entendimento de seu potencial transformador para construir um mundo no qual se realize o direito de todas as pessoas a uma alimentação adequada, saudável e culturalmente apropriada. Também nos comprometemos a continuar lutando para que

> exista uma verdadeira reforma agrária, ampla, que garanta aos camponeses pleno direito à terra, defenda e recupere os territórios dos povos indígenas, garanta às comunidades pesqueiras o acesso e o controle das zonas de pesca e ecossistemas, que reconheça o acesso às terras, às rotas de migração de pastoreio e o controle delas, garanta empregos dignos com salários justos e direitos trabalhistas para todos os trabalhadores e um futuro para os jovens do campo, onde as reformas agrárias revitalizem a interdependência entre produtores e consumidores, garantindo a sobrevivência da comunidade, a justiça econômica e social, a sustentabilidade ecológica e o respeito pela autonomia local e a governança com igualdade de direitos para as mulheres e os homens [...] e onde se garanta o direito aos territórios e à autodeterminação de nossos povos.[58]

Da mesma forma, no Acordo dos Povos da Conferência Mundial dos Povos sobre as Mudanças Climáticas e os Direitos da Mãe Terra, celebrado na Bolívia em 2010, reconhecemos claramente os limites e as ações predatórias do capitalismo contra a Mãe Terra e propusemos as bases de modelos alternativos de interação entre os seres humanos e a natureza que buscam restabelecer a harmonia: "só pode haver equilíbrio com a natureza se houver igualdade entre os seres humanos".

Propomos aos povos do mundo a recuperação, a revalorização e o fortalecimento dos conhecimentos, saberes e práticas ancestrais dos Povos Indígenas, afirmados na vivência e na proposta do "Viver Bem" (Sumak Kawsay), reconhecendo a Mãe Terra "como um ser vivo, com o qual temos uma relação indivisível, interdependente, complementar e espiritual".[59]

---

[58] Disponível em: https://nyeleni.org/IMG/pdf/DeclNyeleni-en.pdf
[59] https://pwccc.wordpress.com/support

Com base em nossa visão compartilhada, desenvolvemos propostas detalhadas sobre como governar nossos territórios para a soberania alimentar, baseadas em nossos direitos humanos.[60] Nossas propostas se fundamentam em grande medida no reconhecimento internacional dos direitos dos povos indígenas a seus territórios ancestrais (*Declaração da ONU sobre os direitos dos povos indígenas*),[61] assim como dos direitos dos camponeses e outras populações rurais a suas terras e recursos naturais (*Declaração da ONU sobre os direitos dos camponeses e outras pessoas que trabalham nas zonas rurais*).[62] Os tratados de direitos humanos e essas declarações, assim como outros instrumentos internacionais, que foram aprovados pelos Estados dentro dos sistemas da ONU (como as Diretrizes Voluntárias sobre a Governança Responsável da Posse da Terra, da Pesca das Florestas,[63] e as Diretrizes para o Manejo Sustentável da Pesca em Pequena Escala),[64] demonstram que temos conseguido alcançar o reconhecimento – parcial – da defesa de nossa perspectiva e de nossas propostas.

Com o capitalismo clandestino, enfrentamos antigas e novas ameaças e problemas, mas também outros novos, que ameaçam fundamentalmente a defesa de nossa perspectiva, de nossos direitos e nossas formas de vida. Sobre a base de nossas lutas passadas, necessitamos entrar em acordo sobre a melhor forma de obter e afirmar nossos direitos e nossa dignidade no novo contexto mundial. A finalidade deste livro é estimular processos de reflexão que permitam revisar criticamente nossas

---

[60] www.fian.org/fileadmin/media/publications_2015/2011_3_CSOProposals_LandTenureGuidelines.pdf
[61] https://www.un.org/development/desa/indigenouspeoples/wp-content/uploads/sites/19/2018/11/UNDRI-P_E_web.pdf
[62] https://undocs.org/en/A/RES/73/165
[63] www.fao.org/3/i2801e/i2801e.pdf
[64] www.fao.org/3/a-i4356en.pdf

análises, a maneira como encaramos nossas lutas, estratégias e formas de organização, trabalho e mobilização no contexto do capitalismo clandestino. Os exemplos seguintes de lutas existentes e as perguntas propostas são um convite a um processo conjunto de reflexão e elaboração de estratégias.

As lutas em curso contra o capitalismo clandestino
Por todo o mundo, comunidades e indivíduos se opõem à desapropriação e à injustiça. Em muitos casos, essas lutas, implícita ou explicitamente, desafiam o capitalismo e se opõem a ele, em especial à sua forma contemporânea financeirizada. Os exemplos seguintes têm como objetivo destacar a diversidade das lutas sociais a favor dos territórios dos povos e contra a mercantilização da natureza. Sabemos que existem, ainda, diversas outras lutas.

A luta pela reforma agrária
A Campanha Mundial pela Reforma Agrária, lançada em 1999 pelo movimento camponês transnacional La Vía Campesina, pede uma distribuição justa da terra e dos recursos naturais e se opõe às abordagens que defendem que os mercados são a melhor forma de distribuir as terras para os usuários e destiná-las a usos mais "eficientes". Diante da desapropriação das comunidades locais de seus territórios, assim como da concentração de controle sobre a terra nas mãos de alguns agentes poderosos – geradas historicamente (por exemplo, durante o colonialismo) ou como resultado de processos mais recentes –, a campanha defendeu a necessidade de políticas de distribuição de terra baseadas nos direitos humanos. Por meio do apoio às lutas existentes pela terra e da influência em diferentes esferas, opôs-se à privatização e à mercantilização dos recursos naturais promovidas por vários governos, pelo Banco Mundial e por outras instituições financeiras internacionais. A campanha de-

fendeu reformas agrárias amplas, com o objetivo de assegurar o controle das pessoas e das comunidades sobre seus territórios.

Promover o direito humano à terra e aos territórios

O marco dos direitos humanos foi uma ferramenta importante para as comunidades e os movimentos sociais reafirmarem seus direitos sobre seus territórios. Eles também participaram de espaços de políticas públicas mundiais para promover o reconhecimento de seus direitos como direitos humanos. Como resultado dessas lutas, os direitos dos povos indígenas a seus territórios ancestrais foram reconhecidos pelos Estados na Convenção n. 169 da Organização Internacional do Trabalho, assim como na Declaração da ONU sobre os Direitos dos Povos Indígenas. Mais recentemente, os direitos dos camponeses e outras populações rurais às suas terras, seus recursos naturais e à escolha de seus modelos de produção foram reconhecidos na *Declaração das Nações Unidas sobre os direitos dos camponeses e outras pessoas que trabalham nas zonas rurais*. As organizações do CIP também participaram ativamente do desenvolvimento das diretrizes internacionais sobre a governança responsável da terra, da pesca e das florestas (Diretrizes de Posse), e das diretrizes para alcançar a sustentabilidade da pesca em pequena escala (Diretrizes PPE), que estão firmemente ancoradas nos direitos humanos e esclarecem as obrigações dos Estados em relação à governança dos recursos naturais. Além disso, o forte impacto e participação levaram à aprovação da Recomendação geral n. 34 do Comitê das Nações Unidas para a Eliminação da Discriminação contra a Mulher (Cedaw, na sigla em inglês), que esclarece os direitos das mulheres rurais à terra. Atualmente, o Comitê de Direitos Econômicos, Sociais e Culturais da ONU está elaborando uma observação geral sobre a terra. Os movimentos sociais e as ONGs estão participando desse processo para assegurar que o documento reafirme que a terra é um direito humano. A luta pelo direito humano à terra continua sendo fundamental, posto que reafirma que ela é, antes de mais nada, um bem comum ao qual as comunidades e as pessoas devem ter acesso, e que podem controlar, gerir e usar de muitas formas diferentes a fim de viver uma vida digna, respeitando seu contexto social e cultural.

O reconhecimento legal dos sistemas de posse consuetudinária
Como resultado de anos de mobilização e defesa por parte de grupos de base e organizações camponesas, o Governo do Mali aprovou uma nova lei sobre terras agrícolas (Loi sur le foncier agricole, LFA) em 2017.[65] Essa lei proporciona um reconhecimento legal dos direitos de posse consuetudinários. Ao proteger os sistemas de posse coletiva consuetudinária, ela cria um espaço para que as comunidades administrem sozinhas seus recursos, sobre a base dos direitos coletivos e respeitando normas definidas a cada comunidade. Isso protege as populações rurais diante da grilagem e da especulação com a terra, e abre espaços para a produção agroecológica. Os movimentos sociais e as ONGs estão dando respaldo à aplicação da lei, em especial por meio do apoio ao estabelecimento de comissões nas comunidades rurais e do processo de acordar normas coletivas de governança comunitária da terra.

Uma política que reconheça os direitos
coletivos dos pescadores tradicionais
Em 2012, a África do Sul adotou uma nova política de pesca em pequena escala. Essa política se distancia da atribuição individual de direitos de pesca com ênfase comercial e se orienta por uma abordagem coletiva centrada em melhorar os meios de vida dos pescadores e das comunidades pesqueiras.

---

[65] www.farmlandgrab.org/post/view/27237-communique-de-la-cmatsur-la-loi--fonciere-agricole

Ademais, fornece reconhecimento legal das comunidades pesqueiras de pequena escala. A política prevê o estabelecimento de uma entidade jurídica baseada na comunidade pesqueira, por meio da qual esta pode operar para gerir a pesca e as atividades relacionadas. Além disso, reserva zonas de pesca preferenciais para os pescadores de pequena escala, fora dos limites da pesca comercial de grande escala.[66] Apesar de muitas conquistas importantes, a aplicação da política continua sendo um desafio. As organizações de pescadores locais estão auxiliando as comunidades no processo de estabelecer para si mesmas quais serão seus acordos de posse e também a destrinchar e explicar a infinidade de marcos de governança que as afetam.[67]

As lutas pela remunicipalização da água

Após a onda de privatizações da água nos anos 1990 e os primeiros anos da década seguinte, autoridades regionais e nacionais começaram a reestatizar os serviços de água. A pressão dos movimentos sociais e a insustentabilidade cada vez mais óbvia da privatização da água, quer seja na forma de privatização total, concessões ou PPPs, obrigaram as administrações públicas a rescindir os contratos com as empresas privadas. A falta de investimentos, as altas de preços, os cortes de pessoal e a qualidade deficiente do serviço são alguns dos motivos que levaram à remunicipalização. Segundo as

---

[66] Masifundise Development Trust/Institute for Poverty, Land and Agrarian Studies (PLAAS)/Too Big To Ignore. Small-scale fisheries (SSF) policy. A handbook for fishing communities in South Africa. 2014. Disponível em: http://repository.uwc.ac.za/xmlui/bitstream/handle/10566/4565/small_scale_fisheries_policy.pdf?sequence=1&isAllowed=y

[67] Masifundise Development Trust/ TNI. Bottom-up Accountability Initiatives to Claim Tenure Rights in Sub-Saharan Africa. Country Report on South Africa. 2017. Disponível em: www.tni.org/files/publication-downloads/web_south_africa_country_report_0.pdf

pesquisas, entre 2000 e 2014, o número de casos de remunicipalização cresceu 60 vezes.⁶⁸ Em Jacarta, na Indonésia, a Coalizão de Moradores de Jacarta contra a Privatização da Água (KMMSAJ) iniciou uma petição contra a gestão privada do abastecimento de água (em 1997 o serviço havia sido concedido a um consórcio de empresas) e levou o caso aos tribunais em 2012. Em 2015, o Tribunal do Distrito Central de Jacarta decidiu que os termos de privatização da água de Jacarta violavam o direito comum à água garantido pela Constituição da Indonésia. O governo da Indonésia e os operadores privados entraram com um recurso contra a decisão do tribunal. Em 2017, o Supremo Tribunal da Indonésia decidiu que os governos provincial e central deveriam acabar com a privatização da água e devolver os serviços de água ao serviço público de águas.⁶⁹

A agroecologia: transformar os sistemas alimentares e as estruturas de poder

A agroecologia é um componente fundamental do projeto político da soberania alimentar e uma resposta às múltiplas crises que a humanidade e o nosso planeta enfrentam. É uma proposta para transformar radicalmente nossos sistemas alimentares e reparar o dano causado pelo sistema alimentar industrial, que provocou a destruição de ecossistemas, a degradação dos solos, o esgotamento da pesca, a aparição de ervas daninhas tolerantes a herbicidas e o aumento das emissões de gases de efeito estufa, além de desnutrição e graves problemas de saúde relacionados com dietas repletas de alimentos industrializados

---

⁶⁸ Unidade de Pesquisa da Internacional de Serviços Públicos (PSIRU)/Transnational Institute (TNI)/Multinationals Observatory. Chegou para ficar: a remunicipalização da água como tendência global. 2014. Disponível em: www.tni.org/en/publication/here-to-stay-water-remunicipalisation-as-a-global-trend

⁶⁹ www.tni.org/en/article/indonesian-supreme-court-terminates-water-privatization

(obesidade, diabetes etc.). As práticas de produção agroecológicas, tais como o cultivo intercalado, a pesca tradicional e o pastoreio móvel, a integração de cultivos, árvores, gado e peixes, fertilizantes, adubos, sementes e as raças animais locais, entre outras, estão profundamente arraigadas no conhecimento e nas inovações desenvolvidas pelos camponeses e povos indígenas durante séculos, e em suas formas de vida.

A agroecologia é fundamentalmente política porque questiona e transforma as estruturas de poder da sociedade. O controle sobre a terra, as águas, as sementes, o conhecimento e a cultura deve estar nas mãos das comunidades e das pessoas. As diversas formas de produção de alimentos em pequena escala baseadas na agroecologia geram conhecimentos locais, promovem a justiça social, alimentam a identidade, a cultura e reforçam a viabilidade econômica das zonas rurais.[70] Em dezembro de 2019, o Conselho da FAO aprovou uma resolução em que constam os dez elementos fundamentais da agroecologia.[71]

Comunidades e organizações de todo o mundo estão promovendo a agroecologia como um modelo que remunera as pessoas e a natureza, e não as finanças mundiais. Na Argentina, a Universidade Camponesa Unicam Suri começou a criar as chamadas Galáxias Refúgios Agroecológicos. Esses refúgios são fazendas agroecológicas estabelecidas em terras recuperadas, administradas coletivamente por jovens camponeses. Muitos desses jovens foram vítimas da violência, do vício em drogas ou da pobreza extrema, como resultado da expulsão das comunidades rurais. O acesso à terra e às práticas agroecológicas abrem novas perspectivas para suas vidas.

---

[70] Declaration of the International Forum for Agroecology, Nyéléni, Mali, Fevereiro 2015. Disponível em: www.foodsovereignty.org/wp-content/uploads/2015/02/Download-declaration-Agroecology-Nyeleni-2015.pdf
[71] www.fao.org/3/ca7173en/ca7173en.pdf

A luta para transformar o sistema financeiro mundial

O movimento pela justiça financeira tem por objetivo mudar fundamentalmente o sistema financeiro atual, que favorece os países ricos e as corporações financeiras e é muito pouco democrático. Uma reivindicação fundamental é o estabelecimento de um organismo fiscal mundial para acabar com a evasão fiscal sistemática das empresas que operam em âmbito transnacional. Atualmente, as empresas transnacionais declaram seus lucros onde estes não são tributados, ou seja, em paraísos fiscais e centros financeiros extraterritoriais. Isso faz com que os países do Sul Global, em particular, percam enormes quantidades de dinheiro a cada ano. Um organismo fiscal mundial não seria uma solução definitiva para corrigir o sistema financeiro global, mas acabaria com algumas das maiores injustiças e garantiria alguma regulação dos fluxos financeiros ilícitos.

Resistir à próxima onda de acordos de livre comércio e à economia digital dirigida por corporações

Os acordos de livre comércio exacerbaram a injustiça mundial e acarretaram a expulsão de comunidades e pessoas de seus territórios em todo o mundo. Em resposta a isso, os movimentos sociais vêm se opondo a esses acordos há muitos anos. Como a digitalização transformou os dados no recurso mais valioso, as grandes empresas estão pressionando os governos para que utilizem os acordos comerciais com o objetivo de obter o controle dos dados do mundo. Por meio das negociações multilaterais sobre o comércio eletrônico iniciadas na OMC em 2019, tentam consagrar novos direitos sobre a transferência e o controle de dados para as grandes corporações, bem como alcançar a plena liberalização da economia digital. Organizações da sociedade civil e alguns países do Sul Global estão resistindo a essa pressão e defendendo sua capacidade de manter o controle sobre seus dados. Os membros da rede mundial Nosso Mundo não Está à Venda (Owinfs, na sigla em inglês) realizaram campanhas contra as normas sobre o comércio digital na OMC, argumentando que os dados deveriam ser utilizados para fins de interesse público, não para o benefício de corporações. Os movimentos sociais e as OSCs estão exigindo a transformação das normas comerciais mundiais, assim como uma agenda baseada nos direitos humanos para as políticas econômicas digitais, em vez de promover as normas de comércio eletrônico desenvolvidas por corporações multinacionais como Amazon, Google, Facebook e Alibaba.

A luta por justiça climática

Embora atualmente exista um amplo consenso sobre a crise climática exigir medidas urgentes, o movimento pela justiça climática luta por respostas que priorizem os direitos humanos e a justiça social. Os movimentos sociais estão lutando por soluções para a crise climática que reconheçam que as responsabilidades pela crise e que seus impactos estão distribuídos de forma desigual e que os grupos e comunidades marginalizados são os mais afetados. O movimento pela justiça climática exige que as medidas adotadas enfrentem as causas originárias do aquecimento global e não provoquem mais exclusão das partes marginalizadas da população. Uma parte importante da luta é a oposição às falsas soluções, em particular às abordagens baseadas no mercado, como os mercados de carbono e as compensações, que levam à criação de novas formas de especulação e, por fim, à exploração da natureza e dos territórios (ver o item Precificar a natureza...). As soluções reais para a crise climática devem ser dirigidas pelas comunidades e devem estar baseadas em seus direitos, conhecimentos, práticas e inovações.

A oposição aos proprietários corporativos

Nas últimas décadas, em cidades de todo o mundo, a habitação experimentou uma especulação e uma financeirização sem precedentes (ver o item A moradia e as cidades). As pessoas e as comunidades estão resistindo e intensificaram suas lutas pelo direito à moradia.

Em Berlim, na Alemanha, os inquilinos e militantes da habitação iniciaram uma campanha para romper o controle do capital sobre os lares das pessoas e democratizar as formas e os lugares onde vivemos. Está sendo realizado um referendo em toda a cidade para expropriar os "megaproprietários" que possuem 3 mil apartamentos ou mais. Se tiver sucesso, a campanha poderá desmercantilizar até 250 mil apartamentos que atualmente são propriedade de grupos de investidores. A campanha Expropriate Deutsche Wohnen and Co.[72] está recebendo amplo apoio público e suas reivindicações são apoiadas em parte pelos tomadores de decisões. Recentemente, o governo local implementou um controle mais rígido dos aluguéis, estabelecendo um teto para impedir os aumentos especulativos dos preços da habitação.

Em Barcelona, a Plataforma dos Afetados pela Hipoteca (PAH) assumiu a luta contra os fundos abutre e se uniu à campanha internacional #BlackstoneEvicts ("Despejo da Blackstone").[73] No bairro de Raval, em Barcelona, a Associação de Moradia de Raval e a Associação de Inquilinos lideraram a resistência frente ao despejo planejado de todo um bloco de apartamentos de propriedade da Blackstone no qual vivem dez famílias. A solidariedade entre os vizinhos permitiu evitar o despejo mediante a organização de concertos de música e oficinas. Por fim, com a intermediação do município, a Blackstone aceitou regularizar

---

[72] www.dwenteignen.de
[73] www.youtube.com/watch?v=gPGG-JpOiseI

seis famílias com um aluguel acessível. Também houve campanhas conjuntas entre diferentes movimentos em Barcelona, como #KillBlackstone ("Matem a Blackstone"), que levou dezenas de militantes à sede do fundo nos arredores da cidade para denunciar suas práticas abusivas com os inquilinos. Essas e outras ações de movimentos sociais de inquilinos e militantes da habitação fazem parte de um movimento crescente que pede a socialização da moradia em toda a Europa.[74]

Expor o financiamento da acumulação de terras por parte dos fundos de pensões

Diferentes organizações brasileiras iniciaram uma campanha internacional para exigir a prestação de contas de investidores financeiros pela acumulação de terras e a destruição ecológica na região do Matopiba (ver capitulo 3, p. 33-34). Ao lado de organizações da sociedade civil brasileiras, estadunidenses, canadenses, alemãs, suecas e holandesas, elas organizaram uma missão de investigação para documentar a situação em campo, e os resultados foram utilizados para exercer pressão sobre os fundos de pensão que estão financiando as operações de empresas locais do agronegócio. Os representantes das comunidades afetadas também viajaram para a Europa e os EUA para recordar às autoridades estatais de sua obrigação de regulamentar de forma eficaz as operações transnacionais de empresas e agentes financeiros, em particular dos fundos de pensões. Como parte de sua luta para recuperar seus territórios, as comunidades e as ONGs aliadas, também questionaram publicamente o Banco Mundial por um projeto de titulação de terras que as empresas estão utilizando para legalizar a acumulação de terras no estado do Piauí.[75]

---

[74] www.youtube.com/watch?v=EUw-8VWk76PA
[75] www.fian.org/en/press-release/article/world-bank-program-forcing-localcommunities-off-their-land-2087

Romper o poder corporativo

A Campanha Global para Reivindicar a Soberania dos Povos, Desmantelar o Poder das Transnacionais e Acabar com a Impunidade é uma rede de mais de 250 movimentos sociais, ONGs, sindicatos e comunidades afetadas pelas atividades das corporações transnacionais. Esses grupos se opõem e resistem à acumulação de terras, à mineração, à exploração do trabalho e à destruição ambiental provocadas por empresas transnacionais em todo o mundo, em especial na África, Ásia, Europa e América Latina. A Campanha Global é um movimento de base que luta para obter respostas estruturais à impunidade generalizada com a qual são tratados os delitos corporativos contra as pessoas e o planeta. Ela propõe um tratado internacional dos povos, que proporciona um marco político para apoiar os movimentos e comunidades locais, nacionais e internacionais em suas resistências e práticas alternativas ao poder corporativo. A Campanha Global também participa do processo do Conselho de Direitos Humanos da ONU para a criação de um instrumento vinculativo para regulamentar as empresas transnacionais, deter as violações de direitos humanos e acabar com a impunidade e assegurar o acesso à justiça para as comunidades afetadas.[76]

Perguntas para uma reflexão crítica

Estamos bem organizados para contra-atacar?
- Temos que resistir a "projetos de investimento" específicos, como as plantações, as minas, as zonas de conservação e a construção de grandes portos, assim como à especulação com a terra e a moradia ou a privatização dos serviços públicos etc.
- Estamos organizados para resistir unicamente a projetos ou setores específicos (por exemplo, o agronegócio, a mineração, as grandes obras de infraestruturas ou o meio ambiente)? Ou podemos integrar

---

[76] Veja: www.stopcorporateimpunity.org/call-to-international-action

as lutas concretas num contexto e construir convergências mais amplas?
- Que experiências temos em vincular a resistência a projetos comparáveis no mesmo setor e em outros setores da economia?
- Como enfrentamos as redes sem transparência de investimento, que se escondem sob os projetos de acumulação de recursos? Como nos asseguramos de que podemos identificar os principais atores sem nos perdermos num sem-fim de investigações?
- Quais são os pontos fracos do capitalismo clandestino? Como podemos fazer um uso tácito e estratégico deles?

Que aspectos temos que melhorar?
- Quão forte e efetiva é nossa perspectiva da soberania alimentar para lutar contra o capitalismo financeiro? Estamos nos esquecendo de alguns aspectos?
- Em caso afirmativo, como podemos superar esses "pontos cegos"?
- Como podemos afinar ou concretizar ainda mais nossas propostas sobre a regulamentação dos atores corporativos e financeiros e o uso das novas tecnologias?
- Nossas propostas sobre como construir uma nova ordem econômica e financeira baseada na soberania e no controle dos recursos pelas pessoas são suficientemente concretas?
- Quais são nossos pontos fracos?
- Como podemos chegar às maiorias e criar um imaginário novo/ diferente?

Como podemos aumentar a magnitude e a força de nossos movimentos?
- O capitalismo clandestino não se limita ao mundo rural. Que experiências temos de relacionamento e trabalho com movimentos urbanos?
- Deveríamos nos esforçar para construir alianças com grupos como os clientes de fundos de pensões para conseguir algumas vitórias? Como? Com quem devemos trabalhar?
- Precisamos de alianças estratégicas com organizações que disponham de conhecimentos técnicos sobre as tecnologias que o sistema financeiro global utiliza para ampliar seu poder e alcance? Como construiremos essas alianças e com quem?

Que combinação de medidas é necessária ou desejamos adotar?
A seguir, apresentamos uma lista preliminar e não conclusiva de possíveis elementos de ação:

- Destrinchar a lógica do capitalismo financeiro e como ele opera e sensibilizar nossas comunidades a respeito;
- Determinar quais são os principais atores e políticas que estão impulsionando a financeirização em sua região ou país; elaborar uma estratégia para combatê-los;
- Denunciar os "investimentos" financeiros como formas de especulação e extração financeira;
- Rechaçar a ideia difundida de que os títulos de propriedade de terra "limpos" e seguros são para o benefício de todos ("interesse público");
- Vincular a financeirização ao acúmulo e à concentração de terras e recursos, destacando que se trata de um problema mundial. Necessitamos de uma campanha mundial para retomar e redistribuir as terras e outros bens comuns que foram acumulados por atores financeiros globais, e para proteger os que ainda estão sob controle das comunidades e das pessoas.
- Afirmar nosso direito à terra e ao território como um conceito oposto ao direito global à propriedade para o capital financeiro; reforçar os modelos localmente adaptados de gestão dos bens comuns e as formas consuetudinárias e comunitárias de autogoverno dos bens naturais para a soberania dos povos e o bem-viver para as pessoas e a natureza;
- Expor as iniciativas de múltiplas partes interessadas destinadas a legitimar as operações empresariais e financeiras como "responsáveis";
- Trocar experiências entre nós e dar visibilidade às formas como a produção de alimentos e energia, a provisão de serviços sanitários, a educação e o transporte se organizam em nossos territórios e desenvolver nossas propostas nesse sentido;
- Compartilhar as experiências que conhecemos ou desenvolvemos sobre agroecologia, economia circular e solidária e reabilitação de ecossistemas;
- Dar visibilidade às formas pelas quais as comunidades pesqueiras e os trabalhadores da pesca, os povos indígenas, os camponeses e camponesas, os pastores e as comunidades urbanas têm contribuído com inovações importantes e à produção de conhecimentos em matéria de pesca, agricultura, criação de animais, conservação da biodiversidade, reabilitação de ecossistemas, coabitação etc.
- Debater sobre a importância de retomar a soberania dos povos sobre os dados e as tecnologias, e de entender os dados como bens comuns;
- Debater sobre como poderia ser uma transição justa para o pós--capitalismo, e como pretendemos gerir nossos territórios;

- Discutir sobre quais atores, incluindo as instituições públicas, poderiam se transformar em aliados estratégicos de nossas lutas;
- Compilar e disseminar os tipos de organizações comunitárias que provaram ser mais resistentes aos processos de financeirização;
- Fortalecer a capacidade de nossas organizações para realizar pesquisas sobre as redes de investimento ocultas e definir aliados táticos e estratégicos nas redes ou cadeias de investimento; compartilhar conhecimentos, nossas visões e experiências; ao mesmo tempo, pressionar os "investidores" para que demonstrem que não estão infringindo nossos direitos;
- Debater formas de fortalecer os mecanismos de prestação de contas em matéria de direitos humanos nos planos local, nacional e internacional; apoiar o tratado vinculante sobre as empresas transnacionais e os direitos humanos;
- Elaborar reivindicações comuns contra a financeirização da terra e da natureza que possamos levar a vários espaços normativos internacionais (por exemplo, a FAO, o CSA, o Pnuma, o CDB, a CMUNCC, os ODS e o sistema de direitos humanos da ONU);
- Obter mais informações sobre propostas para reivindicar o dinheiro e os sistemas financeiros das pessoas, por exemplo, fechando paraísos fiscais ou separando os bancos comerciais dos de investimento; refletir e discutir sobre como poderia ser um sistema financeiro diferente;
- Desenvolver novas formas de mudar as narrativas dominantes e propor um imaginário diferente, dado que hoje em dia as ações devem ter um forte componente de comunicação para ter um impacto mais amplo.

GRÁFICA PAYM
Tel. [11] 4392-3344
paym@graficapaym.com.br